ITtools3.0平台下
小学学科教学方式创新研究

冯海欧◎著

吉林人民出版社

图书在版编目（ＣＩＰ）数据

ITtools3.0 平台下小学学科教学方式创新研究 / 冯
海欧著 . -- 长春 : 吉林人民出版社 , 2022.2
ISBN 978-7-206-18966-1

Ⅰ . ① I… Ⅱ . ① 冯… Ⅲ . ① 小学教育 – 计算机辅助
教学 – 教学方式 – 研究 Ⅳ . ① G434

中国版本图书馆 CIP 数据核字 (2022) 第 033542 号

责任编辑：郭　威
装帧设计：智诚源创

ITtools3.0 平台下小学学科教学方式创新研究
ITtools3.0 PINGTAI XIA XIAOXUE XUEKE JIAOXUE FANGSHI CHUANGXIN YANJIU

著　　者：冯海欧
出版发行：吉林人民出版社（长春市人民大街 7548 号 邮政编码：130022）
咨询电话：0431-85378007
印　　刷：武汉颜沫印刷有限公司
开　　本：787mm × 1092 mm　　1/16
印　　张：9.75　　　　　　　字　　数：166 千字
标准书号：ISBN 978-7-206-18966-1
版　　次：2022 年 2 月第 1 版　　印　　次：2022 年 2 月第 1 次印刷
定　　价：60.00 元
如发现印装质量问题，影响阅读，请与出版社联系调换。

目 录
Contents

第三章
课题研究教学论文

第四章
《ITtools3.0平台下小学学科教学方式创新研究》调研计划

第五章
课题调查问卷

第六章
调查问卷的信度和效度分析报告

第七章
问卷调查报告

第八章
课题成果公报

第一章

《ITtools3.0 平台下小学学科教学方式创新研究》结题报告

《ITtools3.0 平台下小学学科教学方式创新研究》课题组

一、课题的提出

（一）国内研究现状

信息技术教学辅助平台 ITtools3.0 是温州二中陈斌老师及其带领的团队自 2006 年开始，用了近 7 年时间不断开发完善，最终完成并投入使用的。该平台可以有效地解决信息技术教学过程中遇到的各种问题，通过电子备课、课堂调查、学习互助、作品展示、作品互评、教学测验、小组合作、课后复习与分析等模块给课堂提供全面的技术支持，完整地记录学和教的过程，让信息技术学科教师从繁重的备课、作业批改、成绩分析中解脱出来，有更多的时间和精力研究教法；学生借助平台，使学习变得轻松愉快。学生和教师在平台中愉快地实现学和教，有效地提高课堂效率。

目前 ITtools 平台的最新版本是 ITtools3.49，平台提供长期免费服务，用户在使用过程中遇到的各种问题都能在平台中得到无偿援助及满意解答。该软件下载地址为 http：// 60.191.178.99：8088/，现已有很多学校的信息技术教师开始使用 ITtools3.0 教学辅助平台，进行信息技术学科教学，如阳江市两阳中学、广州宜州一中、大连海湾高中、高邮实验小学等。该平台用于其他学科教学还有待进一步推广和尝试。

（二）学校研究现状

课题组收集了大量与 ITtools3.0 平台相关的资料，学校已经安装了信息技术教学辅助平台 ITtools3.0 服务器，信息技术学科教师已开始应用 ITtools3.0 平台进行教学，课题组成员已在信息技术、语文、数学、音乐、美术、品德与社会等学科的教学中开展 ITtools3.0 平台教学，部分教师也在尝试使用 ITtools3.0 平台进行教学，且已感受到 ITtools3.0 平台对教学的促进作用。目前，该课题研究已取得阶段性研究成果。

（三）课题的理论依据

1. 元认知理论

元认知是指："每个人对自我认知活动的某种想法和监督控制。"元认知主要由知识、体验和监控组成。在学习过程中，元认知知识非常重要，它是学习能够走向成功的必要条件，能够让学生从"学会学习"向"会学习"转变。元认知体验有利于提高学生的自我学习意识，让学生明白学习是自己的事情，使学生乐学。元认知监控有利于学生在学习过程中主动灵活地选择学习方式，以便能快速解决学习中遇到的问题。

2. 建构主义学习理论

建构主义学习理论认为，事物的意义源于我们的建构，人们对于世界的理解是由自身决定的，即知识是人们对世间万物的一种客观的解释和假说，语言仅仅为知识提供了一种外在形式，这种知识观向实行被动复制式学习的传统课程发出了巨大挑战。学习者学习新事物，应该在原有认知的基础上对旧知识进行改良和重组，但如果每个学习者都以自己的方式和思维理解新事物，那么，这样的知识就显得片面且不够客观，因此建构主义学习理论推崇情境性教学，即学习者在一定的情境下借助他人的帮助进行学习。如人与人之间的协作、交流，对知识进行建构和重组。建构主义学习理论还认为，对相同内容的学习应在不同时间、不同情境下进行互不重合的多次学习，让学习者对知识获得不同角度的理解，通过实例把知识与具体的情境联系起来。

建构主义学习理论倡导的情境性教学，在 ITtools3.0 教学辅助平台中得到了很好的体现。课前，教师布置预习作业，通过 ITtools3.0 教学辅助平台"媒体播放""调查"等功能为学生提供优质的教学资源，学生依据自身知识储备独立完成对新知识的建构，并对已有的知识储备进行改良、提升和重构；课堂教学环节，教师通过 ITtools3.0 教学辅助平台记录数据，精准科学地分析学生对知识点的掌握情况，有针对性地为学生解决难点疑点及其遇到的实际问题，鼓励学生进行交流互助学习。在这一过程中，教师由知识的讲授者转变为学生学习的引导者。

3. 结构主义教学理论

结构主义教学理论是由布鲁纳提出的。他提倡在发现中教学。布鲁纳认为，教育的主要目的是让孩子成为主动的思考者，在这个过程中，学生要自觉主动地构建知识结构，发现并得出知识之间的规律，养成发现学习的习惯，从而尽可能牢固地掌握知识。

4. 人本主义学习理论

人本主义学习理论认为，真正的学习在于学习者本身对知识的诉求和自我实现的潜能，而教育只是尽可能地为学习者提供一个自由、可靠的心理环境，激发学习者的学习潜能。如果教师以填鸭式的教学方式强迫学生接受知识，则学生接受的知识是枯燥无味、容易忘记且毫不实用的。只有引导学生结合自己的生活实际吸收知识，即教师通过教学刺激，促进学习者自身的学习，才能取得更好的学习效果。有意义的学习不是松散的知识和经验的堆积，而是将自己每部分经验都结合起来的学习，这需要学习者将情感和认知全身心地投入学习中，并通过自己内心的欲求去探究事物的意义。在整个学习阶段，教师不是知识的占有者和教学的操纵者，学生也不是单纯的接受者和教学的服从者，教师是学习的促进者，学生是学习的主导者。

优质的教学资源可以激发学生的学习动机。教师研发的创造性微课、课件、学习游戏等优质教学资源，可以通过 ITtools3.0 教学辅助平台被学生使用。学生在课堂内外通过学习终端自主探究学习，完成学习任务。在课堂教学中，老师不再是课堂教学的讲授者，而是帮助和化解学生无法解决的知识重难点的设计者与促进者，教师研发、收集优质教学资源，为师生互动、生生互动提供学习动力，学生通过自主探究，使自身的学习能力得到提高。课后，教师可通过 ITtools3.0 教学辅助平台"课后作业延伸"等功能，布置相关的课外延伸作业。除此之外，也可以通过平台"师生答疑"功能，学生提出问题，教师或其他学生为其解答疑问，从而实现线上的师生互动、生生互动。

综合以上内容，我们认为，开展 ITtools3.0 平台下小学学科教学方式创新研究是十分可行的，这一研究在本校乃至我国小学学科教学中都具有研究价值，对促进教师的教学方式和学生的学习方式转变是十分有效的。

二、课题研究的意义

（一）理论意义

教师利用 ITtools3.0 平台进行教学，可以调动学生的学习积极性和主动性，提高学生发现问题、分析问题、解决问题及自主学习、终身学习的能力；可以提高教师的自身素质和业务能力，促进教师积极主动地改革传统教育教学模式，研究探索新的教育教学方式，能充分发挥教师的个人潜能和团队合作精神，以寻求小学学科教学方式创新研究的新途径，有利于开发利用各方面的教育教学资源，构建立体化教育教学网络，切实提高教学质量、科研水平和学校办学水平。

（二）实践意义

1.通过本课题研究，可以切实推进学校教育创新，为学校打造一支教育科研骨干队伍，以营造良好的学习氛围和教育科研氛围，为学校教育的持续发展开辟新途径，促进学校教育质量的提高。

2.本课题具有极大的现实应用价值，即体现在信息社会中以人为本的素质教育理念，有助于学生学到更多的知识，拓宽学生视野，提升学生自主探究的能力，培养学生终身学习的意识。

3.通过本课题研究，可以实现学生学习方式的转变，让学生的协作能力和实践能力得到提高。

三、核心概念界定

（一）ITtools3.0 平台的界定

目前有很多教学辅助平台，如 CC 教学辅助平台、智慧教学辅助平台等。ITtools3.0 教学辅助平台是教学一线信息技术教师研发出来的，它不仅方便教师的"教"，学生的"学"，也方便家长、教师、学生之间沟通交流，以实现互相监督和教学延伸。ITtools3.0 教学辅助平台的电子备课、课堂签到、课堂测验、学习互助、作品展示、精华作品展示、作品互评、教学测验、查漏补缺课、师生答疑、复习与分析等模块的使用，比其他教学辅助平台更符合教师、学生和家长的实际需求。

（二）"小学学科"的界定

根据广东省中小学课程设置标准，小学学科课程有：

品德与生活（低年级）、品德与社会（中、高年级）、语文、数学、英语（中、高年级）、体育、音乐、美术、信息技术（中、高年级）、科学、综合（艺术）、综合实践活动、地方与学校开发或选用的课程。

由于小学学科较多，全面开展小学所有学科研究需要的资源、时间、经费会比较多，而且有的学科（如体育）研究起来，面临的困难比较大，经课题组研究决定，本课题选择有代表性的学科——品德与社会、语文、数学、信息技术、音乐、美术进行研究，待研究成熟、课题结题后，课题组成员发挥传、帮、带的作用，通过以点带面的方式促进全校各学科全面开展实践应用。

（三）"教学方式"的界定

教学方式是指在课堂这一特定环境中，教师通过有效的教学方法、教学手段，优化的教学设计、教学语言，科学的学法指导、师生互动，在实施教学活动中所运用的教学策略和手段。教学方式与教学方法两者之间类似战略与战术的关系：教学方式相对稳定，教学方法相对灵活；教学方式不仅包括相应的教学方法及其关系，还涉及教学习惯、教学意识、教学态度、教学品质等心理因素。所以，教学方式的转变，对于学生学习方式的转变，促进学生全面发展更具战略意义。

（四）"创新"的界定

教学方式主要是为了解决"怎样教"的问题，在 ITtools3.0 平台应用中，探索新的教学方式是为了更好地体现新课标的要求，实现三维课程目标。"创新"不一定要探索出新的方式或方法，而是寻找最有利于学生学习优化的途径、方法，即在传统教学方式的"常式"中，努力探求"常式"中的"变式"。

四、研究目标

（一）总体目标

本研究的总体目标是通过课题研究，增强教师教学方式创新研究的意识和能力，提高教师的教育教学能力，培养新一代科研型教师，让教师在教育教学实践中，成为学科研究有力的推动者，成为学校校本教研发展的骨干力量，提高学校的教育教学水平。

（二）具体目标

1.通过课题研究，探究ITtools3.0平台下小学学科教学方式创新研究的成功经验和存在的问题，有效提高学校学科教学质量，走出一条师生减负增效的新路。

2.通过课题研究，在语文、数学等学科教学中充分调动学生自主学习的积极性和主动性，把"要我学"变为"我要学，我能学，我会学"，从而提高学生学习成绩，增强学生终身学习的愿望和能力，让每个学生都得到充分的发展。

3.通过课题实践，探索如何改革传统教学方式，让学生学会利用网络资源进行学习的方法，提高学生获取、分析、处理和利用信息的综合实践能力。

五、研究的主要内容

课题组根据小学学科教学的特点，确定本课题主要研究内容如下。

1.结合我校实际，研发出新型的学科媒体资源，如微课、课件、课例等，丰富和完善校内教学资源，建设学习型、信息化校园。

2.借助优化的网络环境，构建ITtools3.0平台下学生自主学习的教学模式，制订ITtools3.0平台下适用于小学学科教学的教学方案。

3.使学生能够熟练地运用现代化网络工具进行自主学习，并解决实际问题。

4.通过课题研究，创新学科教学方式，在"互教互学"的情境中，学生主动体验学习过程，发挥学生的主体作用，提高教学的有效性。

六、课题研究的方法

本课题以行动研究为主，在进行具体项目的研究时，根据不同的研究领域及其特殊性，围绕目标，立足实际，采用多种研究方法进行综合研究。本课题研究的基本方法有如下几种。

1. 文献研究法

通过网络以及图书馆资料，检索、收集相关信息，如《ITtools3.0 使用教程》《教育心理学》《自主学习——学与教的原理和策略》等文献，并对其进行进一步整理、分析，以充分吸收相关研究的成果，为课题研究提供充分的信息资源。

2. 调查研究法

通过调查问卷的抽样调查方式，将收集的数据经过 SPSS 统计分析，对研究本课题的信度效度进行检测，为下一轮实践行动提供科学数据支撑，对本课题的研究成效做出科学评判，并以多种方式了解不同层次学生对课题研究的看法，来弥补问卷调查法的不足。（详见《ITtools3.0 平台下小学学科教学方式创新研究调研计划》和《ITtools3.0 平台下小学学科教学方式创新研究调查问卷的信度效度分析报告》）

3. 行动研究

按照"问题——计划——行动——反思——修改——实践——总结"的步骤，围绕 ITtools3.0 平台下小学学科教学方式有效创新的目标，在解决问题的行动研究中不断探索和反思，探索出 ITtools3.0 平台下小学学科教学方式有效创新的方法。

4. 案例研究法

通过上课、听课，教师的观察结果，对课题研究课的教学情况做定性判断，开展案例研究。

七、研究过程

（一）前期准备阶段（2016 年 4 月—2017 年 8 月）

1. 制订切实可行的课题研究实施方案与计划。方案计划从研究目标、研究内容、组织机构及职责、任务分解落实、实验工作要求等方面做出详细的安排，并逐项从时间与人员方面进行具体落实。

2. 申报立项（论证、申报）。

3. 组织课题组成员研究相关教育教学理论，通过文献研究，搜集国内外与本课题相关的资料，如《ITtools3.0 使用教程》《教育心理学》《自主学习——学与教的原理和策略》等书籍，了解与本课题相关的研究现状，为课题研究提供科学依据，认识本课题的研究价值，在充分论证的基础上，全面系统准确地掌握各类情况，制订调查问卷与调查方案，形成课题研究方案。

4. 成立课题研究小组，确立分工。

主要研究人员姓名	单位	职务和职称	课题研究中所承担的工作
冯海欧	阳江市江城第一小学	主任/中小学高级教师	课题负责人，课题的整体架构、制订课题研究计划与进度、负责专题保障课题研究正常运行、结题报告撰写、开展校内外推广、负责《ITtools3.0平台下，智慧教研开发与实践》实验研究。
陈国媛	阳江市江城第一小学	原校长/中小学高级教师	提供人力物力保障，随时关注课题研究、组织协调本校学科教师开展基于 ITtools3.0 平台的教学实践，负责《ITtools3.0平台下，教师备课与微课创作》实验研究。
冯瑞洁	江城区教师发展中心电教员	电教员/中小学高级教师	学术指导、调查分析、具体实践调研、小学作文教学实践与研究、教案及电子教材设计与制作，负责《ITtools3.0平台下，翻转课堂高效实施》实验研究。
冯振真	阳江市江城第一小学	教师/中小学一级教师	资料收集与整理、资源站栏目建设及管理、信息技术教学实践与研究、教案及电子教材设计与制作，负责《ITtools3.0平台下，创意智造提升学生核心素养》实验研究。
关美丽	阳江市江城第一小学	教师/中小学一级教师	整理课题研究中的过程性文件，包括问卷调研过程和汇总报告等，负责《ITtools3.0平台下，游戏化教学实践与思考》实验研究。
张靖偲	阳江市江城第一小学	辅导员/中小学二级教师	资料收集与整理、小学音乐学科教学实践与研究、部分教案及电子教材设计与制作，负责《ITtools3.0平台下，融洽学生、学校、家长有效沟通》实验研究。

主要研究人员姓名	单位	职务和职称	课题研究中所承担的工作
林良兵	江城区教师发展中心教研员	教研员／中小学一级教师	技术指导、理论研究、技术问题的解答和实践运用指导、组织教学模式的设计与研讨，负责《ITtools3.0 平台下，教学策略分析》实验研究。
何宜珠	阳江市江城第一小学	教师／中小学二级教师	整理课题研究中的过程性文件，包括问卷调研过程和汇总报告等，负责《ITtools3.0 平台下打造"绘声绘影课"，探索美术教学"新玩法"》实验研究。

5.完成第一阶段研究工作总结。

6.制订实施方案。

我们根据课题研究的目标和立项通知的时间，制订了实施方案，内容包括：

（1）研究背景。努力探究创新 ITtools3.0 平台下小学学科教学方式、教学方法，研发出更多微课、课件、教学设计等，更好地激发学生的学习兴趣，使课堂教学活动多样化、趣味化，提高教学效率，提高学生的学习兴趣和终身学习的能力。

（2）确定研究阶段。

准备阶段(2016 年 4 月—2017 年 8 月)：收集资料，制订问卷和理论学习，确定研究范围。

实验阶段（2017 年 9 月—2019 年 12 月）：确定研究内容及分工，开设实验课，收集实验资料等。

总结阶段（2020 年 1 月—2020 年 9 月）：收集实验数据，做好课题推广，撰写课题结题报告。

7.制订研究计划。

（1）准备阶段研究计划。

①时间：2016 年 4 月—2017 年 8 月。

②目标：培训教师，提高教师对本课题的认识，制订问卷，调查学生对写作议论文的认识，撰写调查分析报告。

③具体措施:2017 年 5 月安排一次理论学习。2017 年 6 月开展问卷调查，

2017 年 8 月撰写分析报告。

（2）实验期研究计划。

①时间：2017 年 9 月—2020 年 9 月。

②目标：开展课题研究，开展素材积累指导、审题立意和论证过程的训练。

③做法：确定实验班，制订实验方案，确定素材积累、审题立意、展开论证三大部分研究内容。安排课题组成员上实验课，撰写教学反思、组织学生参加语文、数学各类活动，撰写教学论文。

（3）总结阶段研究计划。

①时间：2020 年 10 月—2020 年 12 月。

②目标：收集各项数据，验证理论假设，推广应用。

③措施：在非实验班开展推广应用，撰写研究报告，提交到学校及兄弟学校开展推广应用。

8.开展问卷调查（详见《调研计划》和《调查问卷的信度效度分析报告》）。

关于 ITtools3.0 教学辅助平台的使用情况，课题组分别对学生、家长、教师进行了问卷调查，经过 SPSS 分析，通过了信度、效度的检验（详见《调查问卷的信度效度分析报告》）。影响学生、家长、教师对 ITtools3.0 教学辅助平台教与学的接受程度的因素有：控制学生玩游戏、控制学生分神浏览其他网页、预防学生近视、平台运行流畅度、学生学习的主动性与成绩提高、电子备课、课堂签到、课堂测验、学习互助、作品展示、精华作品展示、作品互评、教学测验、查漏补缺课、师生答疑、课后复习与分析，在此基础上提出了提高学生、家长、教师接受程度的对策建议。

本次调查共发出《关于 ITtools3.0 教学辅助平台使用情况的学生调查问卷》100 份，收回 100 份，有效答卷为 100 份，回收率达 100%；共发出《关于 ITtools3.0 教学辅助平台使用情况的学生家长调查问卷》100 份，收回 100 份，有效答卷为 100 份，回收率达 100%；共发出《关于 ITtools3.0 教学辅助平台使用情况的教师调查问卷》40 份，共收回 40 份，有效答卷为 40 份，回收率达 100%。

从本次调查结果可知，影响学生对 ITtools3.0 教学辅助平台使用情况的因素有：控制学生玩游戏、控制学生分神浏览其他网页、预防学生近视、平台运行流畅度、学生学习的主动性与成绩提高、教学方式创新接受程度，其中不能玩游戏占 78.2%，防近视占 77.6%，其他方面都在 80% 以上。影响家长、教师对 ITtools3.0 教学辅助平台使用情况的因素中，教学方式创新接受程度占 70% 以上。学生、家长、教师对 ITtools3.0 教学辅助平台的接受程度达到 80% 以上。

从以上数据可知，大多数学生、家长、教师都接受使用 ITtools3.0 教学辅助平台进行教学方式创新，接受度达 70% 以上。但仍有部分工作需要加以改善，具体详见学生、家长、教师《关于 ITtools3.0 教学辅助平台使用情况的调查问卷》接受程度的描述统计、频率统计表资料数据分析。

9. 举行开题报告会。

经过前期准备，课题组在阳江市教育研究院指导下，准备进行开题报告会。2017 年 9 月 16 日，在阳江市江城第一小学接待室课题组举行了开题报告会，参加人员有广东省教育研究院信息技术学科教研员要志东教授、阳江市教育研究院黄举泮院长、阳江市教育研究院黄应胜副院长、江城区教育研究院彭崇生主任、阳江市职业技术学院附属中学梁致韶教授等专家及本课题组人员。在开题报告会上，各位专家对课题进行了评议、修改，并完善了课题方案。

（二）实施阶段（2017 年 9 月—2020 年 9 月）

根据研究目标和研究计划，我们在实施阶段开展了一系列活动。

1. 调查问卷通过信度效度检验

信度和效度分析是检验调查问卷是否合格的标准之一。在形成正式问卷之前，应当对问卷进行试测，对试测结果进行信度和效度分析，并根据分析结果筛选问卷题项，调整问卷架构，从而提升问卷的信度和效度。只有问卷调查通过信度和效度的检验，才能确保问卷及研究成果具有实际意义。

（1）通过信度（可靠性）检验

本课题学生、家长、教师三份关于 ITtools3.0 教学辅助平台使用情况调查问卷的 α 信度系数都在 0.9 以上（详见《调查问卷的信度效度分析报告》），说明这三份调查问卷的信度（可靠性）非常好。

（2）通过效度检验

我们由 SPSS 软件分析出三份调查问卷效度检验指标累积贡献率均达到 85% 以上（详见《调查问卷的信度效度分析报告》），说明这三份调查问卷的效度非常高。

我们使用 SPSS 软件对学生、家长、教师关于 ITtools3.0 教学辅助平台使用情况的三份调查问卷进行信度和效度分析，三份调查问卷的 α 信度系数均达到 0.9 以上；三份调查问卷的 KMO 均在 0.8 ~ 0.9 之间，Sig=0.000，适合进行因子分析；三份调查问卷的累积贡献率均达到 85% 以上。这说明学生、家长、教师关于 ITtools3.0 教学辅助平台使用情况的三份调查问卷通过了信度和效度的检验，保证了问卷调查及研究成果的真实性。

2. 课题组成员展开了一系列活动

（1）2017 年 9 月—2017 年 12 月。2017 年 9 月 16 日，召开课题开题论证会，邀请专家要志东、黄举泮、黄应胜、彭崇生、梁致韶对课题进行评议，修改完善课题方案；2017 年 9 月，冯海欧老师荣获 2017 年阳江市教育系统"优秀教师"称号；2017 年 9 月 12 日，冯海欧老师被聘为 2016—2017 年度"一师一优课、一课一名师"的省级"优课"评审工作评审专家；2017 年 10 月 13 日，冯海欧老师被聘为首届广东省中小学青年教师教学能力大赛（阳江市初赛）信息技术学科评委；2017 年 10 月 29 日，我校灏洋奇峰队荣获第六届广东省创意机器人大赛一等奖，我校荣获优秀组织奖，灏洋奇峰队荣获创意发明专项奖第一名（全省共 5 名），指导教师冯海欧获得园丁奖。

（2）2018 年 1 月—2018 年 12 月。2018 年 1 月，冯海欧老师在组织开展青少年科技活动中表现突出，被评为 2017 年全省优秀科技辅导员；2018 年 1 月，冯海欧老师在第十届阳江市青少年科技创新大赛中被评为优秀辅导员；2018 年 3 月 1 日，阳江市江城第一小学荣选为广东省基础教育研究实验基地学校，有效期 3 年，研究实验项目为《ITtools3.0 平台下小学学科教学方式创新研究》；2018 年 4 月 22 日，冯海欧老师指导 5 队参加 2018 年第三届阳江市机器人大赛暨广东省创意机器人大赛阳江市预选赛，2 队获一等奖，1 队获二等奖，2 队获三等奖；2018 年 5 月 11 日，张靖偲老师在双婕中心小学分享推广了 ITtools3.0 教育技术平台的应用经验；2018 年 5 月 13 日，冯海欧老师指导学生参加第十六届广东省中小学电脑机器人活动——小学 VEX 工程挑战赛，荣获省二等奖；2018 年 10 月 27 日，我校参加第七届广东省创意机器人大赛，乐冠队和摇滚队均荣获二等奖，指导教师冯海欧获园丁奖；2018 年 10 月 17 日，冯海欧老师应用 ITtools3.0 教学辅助平台进行示范常态课，受到一致好评；2018 年 11 月 1 日，江城一小与江城区埠场镇中心小学开展结对帮扶活动，关美丽老师送课下乡，应用 ITtools3.0 教学辅助平台所上的《角的初步认识》公开课深受学生欢迎，并获得同行教师、区教研院教研员的高度赞扬；2018 年 6 月，冯瑞洁老师撰写的论文《浅谈信息技术与语文教学的融合》在《读天下》杂志 2018 年 12 期发表(国内统一刊号：CN22–1401/G2 国际标准刊号：ISSN2095–2112)；2018 年 11 月 10 日，在 2017 年和 2018 年度阳江教育教学论文评比活动中荣获二等奖；2018 年 11 月 29 日，创作的科普剧本《爸爸的礼物——小文昌》，荣获第四届广东省科普剧大赛剧本创作赛优秀奖；2018 年 11 月 29 日，由张靖偲、蔡晓静、何宜珠三位老师指导，由阳江市江城第一小学选送的科普剧《爸爸的礼物——小文昌》荣获第四届广东省科普剧大赛表演赛二等奖。

（3）2019 年 1 月—2019 年 12 月。2019 年 4 月 18 日，由冯海欧老师指导、冯海泉老师执教的《让小灯泡亮起来》，送课到三江小学（分教点）参加江城区城区小学综合科中心教研组教学交流活动，学生参与率达 100%，操作成功率达 100%，得到参会教师高度赞扬；2019 年 5 月，阳江市江城第一小学冯海欧、姜必宁两位老师的《自娱自乐机器人》在广东省全民科学素质行动科技活动成果交流展示活动中，被评为一等优秀成果，冯海欧、姜必宁两位老师被评为优秀指导教师；2019 年 5 月，张靖偲、蔡晓静、何宜珠三位老师的科普剧《爸爸的礼物——小文昌》在广东省全民科学素质行动科技活动成果交流展示活动中，被评为一等优秀成果，三位老师被评为优秀指导教师；2019 年 7 月 9 日，我校参加广东省第十届"小小科学家"少年儿童科学教育体验活动中小学高年级小机器人组，付雨轩荣获一等奖，洪浩洋、岑国豪、冯键泺荣获二等奖，陈天瑞荣获三等奖，冯海欧老师被评为优秀辅导员；2019 年 7 月 26 日，张靖偲老师报送的《十个小印第安人》在 2018 年阳江市中小学教学微课评选活动中荣获一等奖；2019 年 9 月 20 日，在冯海欧老师的指导下，我校冯键泺、洪浩洋、张扬、陈俊涛四位同学参加广东省教育"双融双创"行动暨第二十届广东省中小学电脑制作活动机器人项目，荣获小学组 VEX 机器人工程挑战赛三等奖；2019 年 12 月 9 日，阳西县小学校长到江城一小跟岗学习交流，冯海欧老师做了《学校信息化现代化建设经验》讲座，推介了省级课题《ITtools3.0 平台下小学学科教学方式创新研究》的研究成果及应用成效；2019 年 12 月，关美丽老师在指导学生参加阳江市江城区 2019 年度"第二届小学数学口算比赛活动"中表现突出、成绩优异，被评为优秀指导教师。

（4）2020 年 1 月—2020 年 12 月。2020 年 1 月 10 日，召开课题中期检查报告会，邀请专家黄举泮、李程祯、薛子永对课题进行评议，总结课题研究阶段成果，完善相关资料及课题研究方案；2020 年 1 月 20 日，在阳江市青少年科技教育协会年会中，冯海欧老师面向全市青少年科技教育工作者分享了阳江市江城第一小学的科技教育经验，介绍和推广了省级课题《ITtools3.0 平台下小学学科教学方式创新研究》的研究成果及教学方式转变给学生带来的实效；2020 年 1 月，冯振真老师撰写的文章《我们都是追梦人》荣获阳江市教育局举办的 2019 年师德主题征文活动小学组一等奖；2020 年 6 月，在冯海欧、姜必宁、冯海泉三位老师的指导下，我校罡山智达小组参加第 35 届广东省青少年科技创新大赛科技实践活动项目荣获三等奖；2020 年 11 月，冯海欧老师撰写的论文《ITtools3.0 平台下小学信息技术教学策略分析》在《中小学教育》杂志 2020 年 32 期发表（国内统一刊号：CN11–4299/G4 国际标准刊号：ISSN1001–2982），经本刊专家委员会评审，特授予优秀论文一等奖；2020 年 12 月 27 日，关美丽老师利用 ITtools3.0 教学辅助平台上了一节《小小动物园》观摩课，获得听课者的一致好评。

（5）2021 年 1 月—2021 年 12 月。2021 年 1 月，冯海欧老师撰写的论文《ITtools3.0 平台下小学信息技术教学策略分析》在 2021 年全国优秀教育科研论文评选活动中荣获一等奖，冯海欧老师执教的《制作个人小名片》〔粤教版（B 版）小学信息技术第二册（上），第 7 课制作个人小名片〕一课在 2021 年全国优质评选活动中荣获一等奖；2020 年 12 月，关美丽老师撰写的论文

《ITtools3.0 平台下低年级游戏化数学教学实践与思考》在广东省教育教学论文评比中荣获一等奖；2021 年 1 月，《ITtools3.0 平台下低年级游戏化数学教学实践与思考》在十三届征文大赛中荣获一等奖，并在《散文百家》下旬刊 2021 年第 3 期发表（国内统一刊号：CN13–1014/I 国际标准刊号：ISSN1003–6652）；2021 年 1 月，何宜珠老师组织学生参加第 13 届阳江市青少年科技创新大赛少年儿童科技幻想绘画项目，4 人荣获一等奖，2 人荣获二等奖；2021 年 3 月 17 日，阳东区校长任职资格培训班第八阶段阳东第一小组到阳江市江城第一小学跟岗学习，冯海欧老师作了《科技教育及信息化学校建设经验》专题讲座，介绍和推广了省级课题《ITtools3.0 平台下小学学科教学方式创新研究》的研究成果及教学方式转变给学生带来的实效，得到参会者高度赞扬；2021 年 3 月，冯海欧老师组织鼍山智达小组参加第 36 届广东省青少年科技创新大赛科技实践活动并荣获三等奖；2021 年 3 月 23 日，关美丽老师赴揭西县五经富镇山区支教，她借助 ITtools3.0 教学辅助平台所做的《预防溺水》观摩课，获得听课者一致好评；2021 年 4 月 16 日，在冯海欧老师的指导下，陈天瑞同学被评为 2020 年广东省 "e 成长网络安全小卫士、小讲师"；2021 年 6 月 21 日，何宜珠老师借助 ITtools3.0 教学辅助平台执教的《大鱼和小鱼》展示课，得到同行高度认可；冯海欧老师主编的课题专著《ITtools3.0 平台下小学学科教学方式创新研究》已签订合同，由黑龙江大学出版社于 2021 年 12 月出版。

八、课题主要研究成果

教师利用 ITtools3.0 平台进行教学，可以调动学生的学习积极性和主动性，提高学生发现问题、分析问题、解决问题，以及自主学习、终身学习的能力；可以提高教师的自身素质和业务能力，积极主动地改革传统教育教学方式，研究探索新的教育教学方式，充分发挥教师的个人潜能和团队合作精神，寻求小学学科教学方式创新研究的新途径，解决传统教学不能解决的"多边互动，因材施教"问题，凝练课题组教师的教学思想、教学风格，促进骨干教师的专业发展。经过课题组成员的不懈努力，本课题组取得了丰硕的研究成果，具体如下：

（一）构建了精准分层的教学方式

教师收集丰富的网络共享教学资源，也可以购买或研发针对性较强的教学资源，通过 ITtools3.0 教学辅助平台"媒体播放""课前调查""师生答疑"等功能让学生进行预习，学生通过学习终端完成预习以及教师的课前调查，而 ITtools3.0 教学辅助平台可以即时精准地反馈每个学生及全班整体的预习情况，进而科学精准地调整教学方案，对已掌握的知识进行扩展，对大部分学生没有掌握的知识点，教师重点剖析，对少部分学生没有掌握知识点，教师进行个别辅导，有针对性地进行精准分层教学，从而精准实现"因材施教"，更高效地完成教学任务。

如学习《有余数的除法》时，教师让学生快速掌握计算方法，提高计算速度是本节课的重点，也是教学难点。如果学生出现学习困难，教师可以启用 ITtools3.0 教学辅助平台，由系统推送第一层次学习内容的微课，以游戏的形式让学生进行练习，掌握得不太好的学生可以通过分解示范，使用平台的"循环播放"功能，与微课对照来操作学习，加深对知识的理解。这一功能可以实现微课循环播放，反复观看，为学生提供一个更加人性化的教学环境，营造了更有趣的课堂氛围。

附：构建精准分层教学方式流程图（如图 1-1 所示）

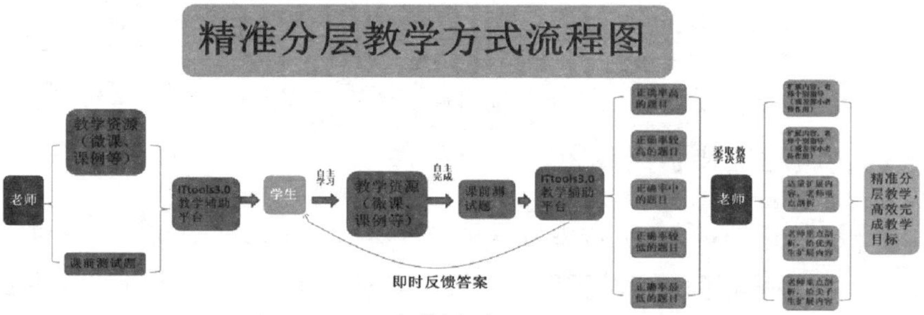

图 1-1

（二）建立 ITtools3.0 教学辅助平台下自主学习的教学方式

ITtools3.0 教学辅助平台通过向学生提供优质的教学资源（微课、课例、测试题等），让学生自主学习，应用平台合作、展示、分享、评价学生学习成果。自主学习能力是比较空泛的一个概念，想要看到 ITtools3.0 教学辅助平台下自主学习教学方式与传统教学方式的差异，必须用数据说话。

1.制订《课堂学生自主学习能力评价量表》，并通过自评、组评、师评的方式来打分，让学生的课堂自主学习表现一目了然。下表的分数是四年级两个班全班学生自评、组评与师评总和的平均分。

表 1-1　自主学习能力评价平均分统计表（一）

评价指标	平均分 (一班)					
	第一周	第二周	第三周	第四周	第五周	第六周
学习资料利用情况	2.3	2.5	2.1	1.9	2.7	2.4
个人完成任务	3.2	3.1	3.4	3	3.2	3.1
平等分享	1.8	2.2	1.7	2.1	2	2.1
与组员的合作	1	1.2	1.2	1	1.4	1.1
课堂学习姿态	1.8	2	2.3	1.9	1.7	2.1
课后作业	1.5	1.4	1.9	1.3	1.8	1.6

表 1-2　自主学习能力评价平均分统计表（二）

评价指标	平均分 (二班)					
	第一周	第二周	第三周	第四周	第五周	第六周
学习资料利用情况	2.1	2	3	3.2	3.2	3.5
个人完成任务	3.3	3.5	3.5	3.4	3.7	3.9
平等分享	1.9	2.3	2.6	3	3.2	3.6
与组员的合作	1.2	2	2.3	2.7	3	3.3
课堂学习姿态	2	2.1	2.7	3.5	3.7	3.8
课后作业	1.3	1.3	1.8	2.3	2.7	3.2

由上述两表可以看出，实验班二班的分数虽然在前两周和对照班一班差距不大，但是在最后两周，二班的分数明显高于一班。另外，二班六周里的分数是在不断提升的。从这个数据的对比与变化中，我们可以看出，ITtools3.0 教学辅助平台下自主学习的教学方式能够让学生在课堂学习中的自主学习能力有所提升。

2.幻灯片制作活动的教学差异

为了深入调查本次创作活动对学生自主学习能力的影响情况，在幻灯片作品创作活动完成之后，课题组对学生的作品上交及质量情况进行了如下统计。

表1-3　幻灯片作品质量对比统计表

年级		实验班四(2)班		对照班四(1)班	
对比项		比例	人数	比例	人数
交作品数量	上交	50	100%	50	100%
	及时上交	50	100%	44	88.00%
主题来源	老师提供	23	46.00%	36	72.00%
	自选	27	54.00%	14	28.00%
作品质量	高(90分以上)	29	58.00%	13	26.00%
	中(80~90分)	18	36.00%	23	46.00%
	低(80分以下)	3	6.00%	14	28.00%

同时，课题组又对两个班共计100名学生进行了关于幻灯片制作情况的调查问卷（附录三），调查统计如下。

表1-4　幻灯片制作情况调查统计表

选择题目	实验班四(2)班选项人数					对照班四(1)班选项人数				
	A	B	C	D	E	A	B	C	D	E
1	42	8	0	0	0	28	22	0	0	0
2	50	0	0	0	0	34	16	0	0	0
3	42	8	0	0	0	25	20	3	2	0
4	19	8	20	3	0	36	9	3	2	0
5	13	9	19	9	0	17	14	16	3	0
6	50	0	0	0	0	39	11	0	0	0
7	8	31	8	3	0	3	20	19	6	2
8	34	14	2	0	0	19	20	11	0	0
9	7	34	7	2	0	5	28	5	12	0

首先，由表1-3数据对比可以看出，实验班学生的学习主动性比对照班更强，主动思考的成分更多，学习的内容更加深入，学习动机更强。其次，由表1-3的1、2、3、5题的数据对比可以看出，ITtools3.0教学辅助平台有更好的学习、展现、评价功能，实验班学生在自主学习的方法上比对照班的学生选择更加多样化，这样才保证了他们有更多方法解决问题，把自己的作品做得更好。再次，从表1-4的1、3、6题选择情况可以看出，实验班的学生在利用元认知方式进行自我指导、自我监督控制和自我评价方面要优于对照班。最后，从表1-4的7、8、9题的数据可以看出，实验班学生对于自己的作品比较满意，而且他们认为这离不开自己的努力，并且在遭遇困难时，

他们都能坚持下去，这些都是对照班学生所欠缺的。

综上所述，本次对四（2）班学生开展的 ITtools3.0 教学辅助平台下自主学习教学方式创新研究取得了一定的成功。

3. 结论

为了进一步得出结论，在实践活动结束时，课题组选取了一节四年级下册《利用 LOGO 语言写字》课，对四年级两个班的学生进行不同方式的教学，因为本课需要运用学生从未接触过的新软件——LOGO 软件，所以更能够看出研究结果是否有效。

在课堂上，四（1）班和四（2）班的学生进行目标完全相同的自主学习内容，在整个过程中，教师不给予任何讲解和评价，只是分配学习材料，让学生通过这些材料学习，实现用 LOGO 语言编程让小海龟写出"口"字的学习目标，拓展任务为让小海龟写出"田"字，学习时间为 40 分钟。

在学生的学习过程中，课题组请了五位老师对两个班学生的学习状态进行随堂观察，同时打分评价（每项满分 10 分，以 0.5 分为一个等级）。并且在课后让学生对自己自主学习的结果进行了真实的评价。两个班的对比如下。

表 1-5 五位教师对学习过程打分

评分项目	四（1）班分数	四（2）班分数
学生的学习热情	6.5	9
学生的学习目标明确	7	9.5
学生能充分运用学习材料	7	10
学生能想办法解决学习难题	5	8.5
学生的合作学习能力	6.5	9.5
学生能在规定时间内完成任务	4	9

表 1-6 学生自我评价结果

积极评价项目	四（1）班选此项目人数	四（2）班选此项目人数
学习过程感到快乐	17	36
认为自学材料有用	50	50
能用各种方法解决学习问题	13	41
能愉快地与人协作学习	20	45
能写出"口"字	19	44
能完成拓展任务"田"字	5	17

通过以上数据对比可知：以四（2）班作为实验班进行的 ITtools3.0 教学辅助平台下自主学习的教学方式是卓有成效的。

（三）形成 ITtools3.0 教学辅助平台下多边互动的教学方式

ITtools3.0 教学辅助平台既方便教师的日常教学、学生的课堂学习，又方便家长、教师、学生沟通交流及互相监督等。它能有效解决学生在学习过程中遇到的困难，其中"课堂签到""媒体播放""在线抢答""学习互助""作品展示""精华作品展示""学生互评""师生答疑""小组合作"等模块，为人机互动、生生互动、师生互动、家长与教师互动、家长与学生互动提供了无限可能。

教师在教学中利用 ITtools3.0 教学辅助平台的"在线抢答"模块，可以充分调动学生学习的积极性。如在教学二年级下册语文《一匹出色的马》时，教师可通过猜谜语的方式，让学生抢答。教师出示谜语：

① 水面一层皮——（　　　）

② 一堆毛，两把火，睡在上面很暖和——（　　　）

③ 一匹奇怪的马——（　　　）

④ 一棵红色的树——（　　　）

教师逐一把谜面上传至平台"在线抢答"中，由学生举手抢答。对于一些容易的谜语，学生很积极地举手抢答；对于一些难猜的谜语，教师稍做提示，学生也会很快猜出来。由于学生思维、智力不同，布置谜语要考虑难、中、易的层次差异，这样可以有效活跃课堂气氛，同时巩固了所学的内容。

又如美术课《给树爷爷画像》中，学生完成 ITtools3.0 教学辅助平台拍照提交，还可以在"学生互评""作品循环播放"模块中欣赏其他同学的作品，做出评价，还可以即兴写上评论。学生也可以看到其他同学与老师对自己的作品评价。教师可以把优秀作品推送到"精华作业"模块中，供学生欣赏借鉴，让教学的知识点在不同的场景呈现、吸收、消化，实现人机互动、生生互动、师生互动等即时多边互动和及时高效反馈，激发学生的学习兴趣、动机，促进学生的深度体验。

家长进入 ITtools3.0 教学辅助平台，可以了解学生个人上课、完成作业及成绩分析等的详细信息，便于家长更好地教育学生。ITtools3.0 教学辅助平台下学生、教师、家长多边互动的教学方式，体现出多层面、多维度的教学效果，形成了多边互动的教学方式。

（四）开展课例研究

课题组教师通过集体备课、双向听课、上课评课、教学案例分析、专题讲座等研磨形式，凝练课题组教师的教学思想，共研发出教学设计 44 篇、课件 50 个、微课 20 个、课例 2 个、论文 7 篇（已发表 3 篇，4 篇论文拟定刊发），编制了课题《ITtools3.0 教学辅助平台使用说明书》《论文集》《教学设计集》《简报集》。

（五）课题研究过程中，师生获得的成果奖项

在课题研究过程中，课题组成员开展了创客活动，利用 ITtools3.0 教学辅助平台选拔、培育一批优秀的学生。创客活动开展几年来，师生共获 75 项奖励证书（其中国家级 2 项，省级 38 项，市级 28 项，区级 6 项，镇级 1 项）。

1. 学生获得奖励

序号	获奖年月	奖励名称	奖励级别	奖励等级	授奖单位
1	2017 年 10 月	第六届广东省创意机器人大赛，我校灏洋奇峰队荣获一等奖，学校荣获优秀组织奖，灏洋奇峰队荣获创意发明专项奖第一名（全省共 5 名）	省级		广东科学中心、广州市教育局
2	2018 年 4 月	5 队参加 2018 年第三届阳江市机器人大赛暨广东省创意机器人大赛阳江市预选赛，2 队获一等奖，1 队获二等奖，2 队获三等奖	市级	一等奖 二等奖 三等奖	阳江市教育局
3	2018 年 5 月	我校戴坤洋、冯冠豪、曾驿翔、刘一扬组成的豪洋扬翔队参加第十六届广东省中小学电脑机器人活动小学 VEX 工程挑战赛，荣获二等奖，指导教师：冯海欧	省级	二等奖	广东省教育厅
4	2018 年 10 月	我校参加第七届广东省创意机器人大赛，乐冠队和摇滚队荣获二等奖，参赛学生为冯冠豪、关文锐、车泯仪、林冠宏、关扬霖、冯俊皓、张扬、冯健乐，指导教师：冯海欧、姜必宁	省级		广东科学中心、广州市教育局

续表

序号	获奖年月	奖励名称	奖励级别	奖励等级	授奖单位
5	2018年11月	阳江市江城第一小学选送科普剧《爸爸的礼物——小文昌》，荣获第四届广东省科普剧大赛表演赛二等奖	省级	二等奖	广东省科学技术协会、广东省教育厅、中共广东省委宣传部
6	2019年7月	我校参加广东省第十届"小小科学家"少年儿童科学教育体验活动中小学高年级小机器人组，付雨轩荣获一等奖，洪浩洋、岑国豪、冯键泺荣获二等奖，陈天瑞荣获三等奖	省级	一等奖二等奖三等奖	广东省教育技术中心
7	2019年9月	冯键泺、洪浩洋、张扬、陈俊涛参加广东省教育"双融双创"行动暨第二十届广东省中小学电脑制作活动机器人项目，荣获小学组 VEX 机器人工程挑战赛三等奖	省级	三等奖	广东省教育技术中心
8	2019年9月	冯海欧老师指导的参赛队在广东省教育"双融双创"行动暨第二十届广东省中小学电脑制作活动机器人项目中，荣获小学组 VEX 机器人工程挑战赛三等奖	省级	三等奖	广东省教育技术中心
9	2020年1月	《VEX IQ——环环相扣机器人》荣获科技实践活动竞赛项目二等奖。申报者：冯冠豪　戴坤洋　曾驿翔　刘一扬 指导教师：冯海欧　姜必宁　冯海泉	市级	二等奖	阳江市科学技术学会、阳江市教育局、阳江市科技局
10	2020年6月	参加第35届广东省青少年科技创新大赛科技实践活动	省级	三等奖	广东省科协、广东省教育厅、广东省科技厅
11	2021年3月	参加第36届广东省青少年科技创新大赛科技实践活动	省级	三等奖	广东省科协、广东省教育厅、广东省科技厅

2. 教师获得专业的发展

课题研究开展过程中，我校推进教育创新，形成了一支教育科研骨干队伍，造就了一批师德高尚、业务精湛、综合素质一流的骨干教师。

序号	获奖年月	奖励名称	奖励级别	奖励等级	授奖单位
1	2017年9月	冯海欧老师荣获2017年阳江市教育系统优秀教师称号	市级		阳江市教育局
2	2017年9月	冯海欧老师被聘任为2016—2017年度"一师一优课、一课一名师"的省级"优课"评审工作评审专家	省级		广东省教育技术中心
3	2017年10月	冯海欧老师被聘任为首届广东省中小学青年教师教学能力大赛（阳江市初赛）信息技术学科评委	市级		阳江市教育学院
4	2018年1月	冯海欧老师在组织开展青少年科技活动中表现突出，被评为2017年"全省优秀科技辅导员"	省级		广东省青少年教育协会
5	2018年1月	冯海欧老师在第10届阳江市青少年科技创新大赛中被评为"优秀辅导员"	市级		阳江市教育局
6	2018年3月1日	经审议，阳江市江城第一小学被批准为广东省基础教育研究实验基地学校，有效期3年。研究实验项目名称：《ITtools3.0平台下小学学科教学方式创新研究》	省级		广东省教育研究院
7	2018年7月25日	阳江市江城第一小学被评为"广东省信息化中心校"	省级		广东省教育厅
8	2018年11月	冯瑞洁老师撰写的论文《浅谈信息技术与语文教学的融合》在2017—2018年度阳江教育教学论文评比活动中，荣获二等奖	市级	二等奖	阳江市教育教学研究院
9	2018年11月	张靖偲老师创作的科普剧本《爸爸的礼物——小文昌》荣获第四届广东省科普剧大赛剧本创作赛优秀奖	省级		广东省科学技术协会、广东省教育厅、中共广东省委宣传部
10	2019年5月	冯海欧老师的《自娱自乐机器人》在广东省全民科学素质行动科技活动成果交流展示活动中，被评为一等优秀成果	省级	一等奖	广东省教育研究院
11	2019年5月	阳江市江城第一小学冯海欧、姜必宁老师在广东省全民科学素质行动科技活动成果交流展示活动中，被评为"优秀指导教师"	省级	一等奖	广东省教育研究院

续表

序号	获奖年月	奖励名称	奖励级别	奖励等级	授奖单位
12	2019年5月	张靖偲老师的科普剧《爸爸的礼物——小文昌》成果在广东省全民科学素质行动科技活动成果交流展示活动中，被评为一等优秀成果	省级	一等奖	广东省教育研究院
13	2019年5月	阳江市江城第一小学张靖偲、蔡晓静、何宜珠老师在广东省全民科学素质行动科技活动成果交流展示活动中，被评为"优秀指导教师"	省级	一等奖	广东省教育研究院
14	2019年6月	阳江市江城第一小学被评为"阳江市青少年科学教育特色学校"			阳江市科学技术学会、阳江市教育局、阳江市科技局
15	2019年7月	张靖偲老师报送的《十个小印第安人》在2018年阳江市中小学教学微课评选活动中荣获一等奖	市级	一等奖	阳江市教育研究院
16	2020年3月	阳江市江城第一小学被评为"广东省青少年科技教育创新团队"			广东省科协、广东省教育厅、广东省科技厅
17	2020年3月	广东省青少年科技教育创新团队带头人	省级		广东省科协、广东省教育厅广东省科技厅
18	2020年7月	阳江市江城第一小学被评为"广东省中小学教师信息技术应用能力提升工程2.0试点学校"	省级		广东省教育厅
19	2021年1月	冯海欧老师的论文《ITtools3.0平台下小学信息技术教学策略分析》在2021年全国优秀教育科研论文评选活动中荣获一等奖	国级	一等奖	教育部基础教育课程改革研究中心
20	2021年1月	冯海欧老师执教的《制作个人小名片》〔粤教版（B版）小学信息技术第二册（上），第7课〕一课在全国优质评选活动中荣获一等奖	国级	一等奖	教育部基础教育课程改革研究中心
21	2021年3月	阳江市江城第一小学被评为"广东省网络安全示范校"	省级		广东省教育厅
22	2021年7月	阳江市江城第一小学被评为"广东省中小学教师校本研修示范学校"	省级		广东省教育厅

九、研究后的思考及结题后研究方向

在课题研究中，我们已经验证了 ITtools3.0 平台下小学学科教学方式创新具有极大的实用价值。如果能够使 ITtools3.0 平台下小学学科教学方式创新与互联网无缝结合，实现课前、课中、课后整个教学过程都可以通过 ITtools3.0 教学辅助平台无缝连接，那对于学生自主学习、终身学习的能力养成会有极大的帮助。随着教育信息化的不断深入，ITtools3.0 教学辅助平台不断成熟，相信它一定能发挥更大的作用，应用前景会更加美好。

在本课题研究的过程中，由于课题组在行动研究上缺乏经验，研究中还存在一些不足之处，如研究中涉及的相关工作无法大量开展，导致研究在抽样少的前提下进行；对于 ITtools3.0 教学辅助平台的理论研究，还有一定研究的硬件条件不够完善，不能完全达到 ITtools3.0 教学辅助平台的理论硬件水平；实验教师受学校教学进度的影响而放手让学生自我探究，没有足够的时间进行优化完善。我们将在以后的工作中弥补不足，使本次课题的研究成果得到进一步推广。

信息技术教学在小学教育体系中占有非常重要的地位，对学生终身发展具有非常重要的作用。因此，在开展信息技术教学过程中，要重视先进技术的利用和教学方法的改进。未来在信息技术教学中引入智慧环境的应用会越来越普遍。ITtools3.0 教学辅助平台必将得到进一步发展，以更好地适应当前和未来学校教育的需求。

十、研究的主要结论

教师用 ITtools3.0 平台进行教学，可以调动学生学习的积极性和主动性，提高学生发现问题、分析问题、解决问题，自主学习、终身学习的能力；可以提高教师的自身素质和业务能力，积极主动地改革传统的教育教学方式，研究探索新的教育教学方式，充分发挥教师的个人潜能和团队合作精神，寻求小学学科教学方式创新研究的新途径，开发利用各方面的教育教学资源，构建立体化的教育教学网络，为提高教学质量、科研水平和办学水平开辟新的途径。经过三年研究，本课题创新研究出三种教学方式：

① 构建了精准分层教学方式;

② 建立 ITtools3.0 教学辅助平台下自主学习教学方式;

③ 形成 ITtools3.0 教学辅助平台下多边互动教学方式。

教师将丰富的教学资源上传至 ITtools3.0 教学辅助平台,学生可以通过学习终端自主完成预习内容和要求,完成教师的调查测试。ITtools3.0 教学辅助平台可以即时精准地反馈全班的预习情况,进而帮助教师科学精准地调整教学方案,有针对性地进行教学,从而精准实现"因材施教"。ITtools3.0 教学辅助平台会自动记录、分析每位学生缺课、完成作业、测试题的情况,会自动生成每位学生及全班学生的统计数据,方便教师对学生进行分层教学,提高教学质量。如果校内实现了基于 ITtools3.0 教学辅助平台的精品课程共享,同校教师就会节省很多备课时间;如果打造校与校之间的精品课程共享,可促进多校均衡发展,提高多校教学质量,发挥互联网的教育优势,让教学更加开放,从而有效地促进当地教育水平的提高。

十一、参考文献

[1] 章熊 . 语言和思维的训练 [M]. 上海:上海教育出版社,1983.

[2] 汪圣安 . 思维心理学 [M]. 上海:华东师范大学出版社,1992.

[3] 皮连生 . 学与教的心理学 [M]. 上海:华东师范大学出版社,1997.

第二章

课题研究学科教学设计

第一篇 《制作个人小名片》教学设计

阳江市江城第一小学　冯海欧

一、教学目标

1. 知识与技能目标

（1）学会设置 Word 文档中页面的大小。

（2）熟练使用文本框，会修饰文本框。

（3）学会设置图片格式，并根据需要调整图片，美化排版设计效果。

2. 过程与方法目标

培养学生的观察力，提高学生的分析能力和审美能力。

3. 情感态度与价值观目标

让学生自主合作、探究学习，在尝试中不断进取，体验成功。

二、教学内容

广东省小学《信息技术》第二册（上）第七课《制作个人小名片》。

三、学情分析

本课的教学对象是小学五年级学生。在这之前，学生已经初步了解 Word 文档，本节课我将进一步引导学生利用 Word 文档中的页面设置、文本框和图片插入功能制作个人小名片。五年级的学生处于身心发育初期，个性意识有所显现，对于制作个人小名片介绍自己表现出浓厚的兴趣。但本课知识量大，操作步骤多，学生学习起来有一定困难。所以本节课我为学生准备了制作个人小名片的微课、制作个人小名片的分解图和名片礼仪视频，既激发了学生的学习兴趣，又有利于提高学习效果。

四、教学重难点

教学重点：掌握文本框的插入和美化修饰，学会在 word 中插入图片，设置图片格式。

教学难点：掌握文本框的大小调整、线条处理、内部颜色填充的方法。

五、教学策略

本课主要通过 ITtools3.0 教学辅助平台"媒体播放""学生互评""共享课程教学资源素材文件"等教学功能，采用学生自主探究学习的教学方式，为学生提供制作个人小名片的微课、制作个人小名片的分解图和名片礼仪视频。

掌握好的学生可以自己操作，掌握得不太好的学生可以通过打开分解图或观看微课对照来操作，使学生进一步掌握了相关知识，培养了学生动手操作和自主学习的能力，减少了学生遇到一点小问题就找老师的现象，锻炼了学生自己解决问题的能力。能让接受能力好的学生"吃得饱"，接受能力没有那么好的学生也没有学习压力，能消化。完成制作个人小名片的学生观看名片礼仪视频，了解传递名片的中外礼仪，拓宽学生的视野，体现了小课堂大社会的教学效果。

六、教学手段

ITtools3.0 教学辅助平台、电脑室、分解图、微课、图片等。

七、教学过程

教学环节	时间	教师活动	学生活动	设计理念
情境导入	2'	1. 给学生讲一则故事，引出本节课的课题，激发学生的学习兴趣 2. 教师：同学们，喜洋洋这个周末将要参加羊村少年宫组织的中外小学生电脑作品展示活动。喜洋洋在想：活动中可能会认识很多新朋友，一个个地去介绍自己会很费时间，又很麻烦，你能帮他想个办法吗？ 3. 教师：喜洋洋可以使用名片，名片可以帮助我们结交朋友，保持联系 4. 教师展示名片的图片（回收废品、企业老板、产品、旅游景点阳江闸坡等） 5. 教师：可是，同学们，制作名片前，你们得先想一想名片应该向别人提供哪些信息？ 6. 请同学们小组讨论老师提出的问题 7. 教师：那我们先一起来学习如何在 Word 文档中设置页面大小	1. 听故事 2. 帮喜洋洋想办法，并说出自己的办法 3. 在教师引导下总结名片的作用 4. 观看与思考 5. 观察屏幕出示的名片，小组内讨论老师提出的问题	1. 这一环节的教学设计主要体现在"听、问、说"三个关键字上 2. 这样的设计创设了有趣的学习情境，很好地利用学生对故事情节的喜爱，激发学生的学习兴趣，使学生在情境中积极主动地接受任务，从而乐于学习 3. 通过名片的展示，学生了解了名片不只名人会有，普通人也有；不只是人有，产品、旅游景点等也可以有名片。激发学生为自己制作小名片的热情及热爱家乡的情怀 4. 引导学生进行思考

教学环节	时间	教师活动	学生活动	设计理念
示范操作讲解	7′	一、设置名片大小 教师演示：打开页面设置，设置名片大小为长9厘米，宽5.5厘米，页边距上下左右各为0.5厘米 二、配置图片 教师演示：插入照片。 教师：在插入图片的过程中，我们发现图片不能移动。改变图片的围绕方向，就可以对图片进行移动或改变大小了。 三、用文本框输入文字 名片一定要有姓名、联系方式等信息，这些信息最好放在文本框中，便于调整位置。怎样用文本框输入文字呢？ 演示：插入文本框，输入姓名，设置文字大小，调整文本框大小，移动文本框到合适的位置，提示要点 四、修饰文本框 1.教师：同学们有没有发现，制作的名片时应该要有自己的特色。怎样让我们的名片有自己的特色呢？下面我们再来打扮打扮名片。我们可以设置文本框格式，调出自己喜欢的边线和背景等	1.认真听讲，思考老师提出的问题 2.观看演示	1.这一环节既是本课的重点，又是难点。为了更好地掌握重点，突破难点，此环节以演示为主，循序渐进地进行教学 2.引导学生对名片进一步编辑、美化，掌握 Word 文档的相关操作，并满足自己的需求 3.培养学生的审美能力，鼓励学生大胆创新，突破传统思维

续表

教学环节	时间	教师活动	学生活动	设计理念
示范操作讲解		2.教师演示操作：双击文本框边界线，弹出文本框格式对话框，设置线条颜色为"无线条颜色"，单击"填充效果"，单击"选取合适的颜色，调整文本框的透明度，选取合适的变形效果		4.学生通过教师的演示和讲解，了解设置文本框的相关操作
		3.教师：不同的填充效果能打造出不同的特色，大家可以根据自己喜欢的颜色进行填充		
		4.教师演示如何插入图片		
		5.排版：完成名片的制作，教师边操作边讲解		
学生自主合作，探究学习	25′	1.教师：通过刚才的学习，大家掌握了制作个人小名片的方法，接下来请大家尝试制作个人小名片	学生进入ITtools3.0教学辅助平台个人空间，下载个人头像(学生已在家里上传头像)制作小名片。学生打开制作小名片的分解图或制作小名片的微课对照来操作，制作个人小名片	1.培养学生动手操作和自主学习的能力，锻炼学生自己解决问题的能力。学生通过观看名片礼仪视频，了解传递名片的中外礼仪，拓宽视野，体现小课堂大社会的教学理念，帮助学生解决生活中的实际问题

教学环节	时间	教师活动	学生活动	设计理念
学生自主合作，探究学习		2.教师将制作小名片的微课、分解图上传到ITtools3.0教学辅助平台的"媒体播放""共享课程教学资源素材文件"模块（上课前已完成） 3.给打字有困难的学生发送信息内容（因材施教）		2.学生在作品互评中，经过认真反思、反馈及语言组织表述，学会互相尊重、正确认识自我、完善自我，从而促进学生人格健康成长，同时有效激励学生学习的积极性，使学生更自信、更主动、更专注地参与学习过程，激发学生内在潜能
	5′	1.师生相互点评。学生在ITtools3.0教学辅助平台上提交作业，也可以在ITtools3.0教学辅助平台"作品循环播放"模块中欣赏其他同学提交的作品，对自己和同学的作品做出"好评""中评""差评"的评价，还可以进行简要的评论，同时可以看到老师对自己和同学作品的评价和简要评论；老师把优秀作业放到ITtools3.0教学辅助平台"精华作业展示"模块中，供学生及家长相互学习、借鉴参考，也了解作业完成质量情况，便于家长监督、教育学生。ITtools3.0教学辅助平台为学生、家长、教师提供了随时、便捷、人人可以参与的互学、互评平台。通过作品鉴赏，学生可以进行反思，以寻找今后改进、努力的方向	欣赏与鼓励；积极评论；观看与思考	

续表

教学环节	时间	教师活动	学生活动	设计理念
		2.观看《传递名片礼仪》视频		
总结	1′	1.教师：同学们，经过这节课的学习，大家有什么收获呢？ 2.教师：同学们，这节课我们学习了如何制作个人的小名片，分为4个步骤，分别是设置名片大小、配置图片、用文本框输入文字、修饰文本框 3.布置任务：帮爸爸、妈妈制作一张漂亮的名片	回答问题；聆听；完成拓展作业	提高学生归纳学习内容的能力，让学生学以致用

八、板书设计

制作个人小名片

1.设置名片大小
2.配置图片
3.用文本框输入文字
4.修饰文本框

九、教学流程图

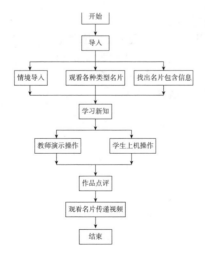

十、教学评价

姓 名		学 校			授课班级					备注
学 科		时 间		评课人	等级（分值）					
课 题										
A 评价指标	B 评价指标	C 评价指标			优	良	中	差		
教学设计（25）	教学目标（10）	1. 符合学科课程标准、教材的要求及学生实际			9~10	8	6~7	3~5		
		2. 明确、合理、具体、可操作性强								
	教学内容（15）	1. 知识结构合理，突出重点、难点，难易适度			14~15	12~13	9~11	5~8		
		2. 融入学生经验之中，联系学生生活和社会实际，适时、适量拓展								
		3. 正确把握学科的知识、思想和教学方法，注重教学资源的开发与整合								
		4. 有利于学生全面发展，体现师生平等								
教学实施（55）	教学过程（15）	1. 根据学科特点创设有助于师生对话、沟通的教学情境，营造民主、和谐、互动、开放的学习氛围，激发学生的学习兴趣			14~15	12~13	9~11	5~8		
		2. 适时引导学生主动、合作学习，组织多种形式探究、讨论、交流等活动，培养学生发现和解决问题的能力								
		3. 激活学生思维，能大胆质疑，发表不同意见，以学生问题为出发点，形成动态生成的教学过程								
	教学方法（10）	1. 寓学法指导于教学之中，寓德育于教学内容之中。善于鼓励学生，点评适宜			9~10	8	6~7	3~5		
		2. 根据教学实际科学运用教学方法，充分体现学科特点，做到因材施教								
		3. 现代教育技术应用适时适度，实验科学、准确、熟练								

续表

姓 名			学 校			授课班级				备注
学 科			时 间		评课人	等级（分值）				
课 题										
A评价指标	B评价指标	C评价指标				优	良	中	差	
教学实施（55）	学生活动（20）	1. 参与态度：热情高，主动参与，自主学习意识强 2. 参与广度：全班不同层面的学生参与学习的全过程，有充分参与的时空和有效的合作 3. 参与深度：学习内容，感受体验由浅入深，学生能倾听、理解他人的发言，及时沟通，并提出有意义的问题和新的见解 4. 参与活动时间30分钟左右，参与方式多样，气氛活跃，学习习惯良好				18~20	16~17	12~15	6~11	
	教师素养（10）	1. 有较强的组织协调能力、应变能力和即时评价能力，有教改创新精神，有良好独特的教学风格 2. 语言生动、准确，教态亲切有感染力，板书规范				9~10	8	6~7	3~5	
教学效果（20）	三维目标达成度（20）	1. 95%以上的学生学习积极主动，达到合格的教学目标 2. 在学生学习和解决问题的过程中形成一定的能力和方法 3. 学生的情感、态度、价值观都得到相应的发展				18~20	16~17	12~15	6~11	
得分										

十一、教学反思

反思项目		教学目标达成情况记录及分析			
		80% 以上	60%~80%	40%~59%	40% 以下
教学目标达成	学会设置 Word 文档中页面的大小	50 人	0 人	0 人	0 人
	熟练掌握文本框工具的使用	45 人	5 人	0 人	0 人
	修饰文本框	43 人	7 人	0 人	0 人
	配置图片	42 人	8 人	0 人	0 人
	学生参与的积极性	50 人	0 人	0 人	0 人
学生典型表现或个案记录		没有			
教学策略与教法实效分析		在本节课中，掌握好的学生可以自己操作，掌握得不太好的学生可以通过进入 ITtools3.0 教学辅助平台"媒体播放"模块观看微课对照来操作，使学生进一步掌握相关知识，培养学生动手操作和自主学习的能力，减少了学生遇到一点小问题就找老师的现象，锻炼了学生自己解决问题的能力。学生通过观看名片礼仪视频，了解传递名片的中外礼仪，拓宽了视野，体现了小课堂大社会的教学效果 通过作品展示，组织学生进入 ITtools3.0 教学辅助平台"作品循环播放""精华作业展示""学生互评"模块欣赏每位学生的作品和教师推选的精品作业。每一件优秀作品的完成，都是学生与教师心血和汗水付出的凝合，优秀作品展示辐射到每个同学的心里，产生的能量是不可估量的。心理学研究表明，一个人自己刻苦努力完成一件事，体验成功，做到最好，可以激发他干什么事都会自主探究、追求成功的勇气和力量。有了这些发光的地方，学生也会变得更自信、更用心、更喜欢自己的专长			
待解决的问题及困惑		把学生的优秀作品展示到学校宣传专栏			

十二、参考文献

[1] 广东省教学教材研究室.广东省小学课本信息技术教师教学用书第二册（上）[M].广州：广东教育出版社，2008.

[2] 广东省教学教材研究室.广东省小学课本信息技术第二册（上）[M].广州：广东教育出版社，2010.

[3] 庞维国.自主学习——学与教的原理和策略 [M].上海：华东师范大学

出版社，2003.

[4] 刘秀娟，鲁晓燕.运用元认知策略，培养学生自主学习［J］.中国西部科技，2009（1）：88，92.

第二篇 《哈哩噜》教学设计方案

阳江市江城第一小学　张靖偲

课程：普通小学音乐课程必修模块《哈哩噜》

内容：《哈哩噜》——二年级下册第 11 课

版本：花城出版社

课时：一课时

一、课前：教学思考与构架

（一）学情分析

二年级学生以形象思维为主，具有好奇、好动、模仿能力强、注意力集中时间较短的身心特点。本授课班中有五名男生和一名女生的注意力集中时间比一般同学还要短，注意力容易分散。对此，我会根据学生的身心特点、学情进行教学设计。

（二）教材分析

《哈哩噜》是一首特立尼达民歌，描绘了特立尼达人民载歌载舞的热闹场面。这首歌曲富有拉丁美洲风格，情绪奔放热情，节奏充满活力和动感，表现了当地人乐观奔放的性格。歌曲为一段体结构，短小精悍，只有短短四个乐句的旋律，使用的音乐材料十分简洁。在每句乐句结尾使用 <u>X X</u> X 0，在 2、4 乐句开头出现的切分节奏，使歌曲充满了动力和积极乐观的情绪，别具特色，饶有情趣。

二、课中教学：教学设计与实施

（一）教学目标

1. 知识与技能

知识：简单了解特立尼达民族的文化，知道"哈哩噜"是高兴时发出的感叹声的意思。

技能：能用活泼自然的声音演唱歌曲《哈哩噜》，能用舞蹈动作进行体验与表演。

2.过程与方法

通过教学使学生感受体验模仿演唱、参与综合实践学习活动，感受特立尼达民歌的艺术特点。

3.情感态度与价值观目标

通过学唱本课歌曲《哈哩噜》，让学生体验其所体现的拉丁美洲居民的热情奔放，激发学生学习歌曲的兴趣，了解不同国度的文化特点。

（二）教学重难点

1.教学重点

学唱歌曲《哈哩噜》，通过以快乐的情绪表演来体验歌曲热情爽朗的特点。

2.教学难点

①掌握节奏句：

4/4 XX XXX X|XXXX 0||

②尝试用自己的语言来替换歌词"哈哩噜"，进行创编演唱。

3.教学手段：ITtools3.0教学辅助平台、多媒体、球、非洲鼓、头饰

（三）教学策略

本课主要应用了ITtools3.0教学辅助平台的"媒体播放""学生互评""精华作品展示""共享资源"等功能，让学生自主探索学习，同时，教师为学生提供了课前律动操、舞蹈视频和学习测试题等教学素材。

1.学习课前操。学生可以打开教学辅助平台共享资源的舞蹈视频，进行模仿，自主学习，学会后拍下视频上传到ITtools3.0平台提交作业。

2.做测试题。学生上网搜集有关特立尼达的文化知识，在ITtools3.0平台共享资源中打开试卷，做好并提交，系统根据答案自动进行打分，并且统计出全班的做题情况。

学生可以在ITtools3.0平台作品循环播放模块中观看班里每位学生的作品，并进行评价。通过生生互评、师生互评，提高学生的综合能力。

3.教师展示精华作业，供学生之间相互学习，也便于家长了解学生的作业质量，以进行监督教育。激发学生主动学习的能力，为提高下节课的教学质量做准备。

（四）教学过程

教学环节	时间	教师活动	学生活动	设计理念
情境导入	10′	一、课前律动 1.师：同学们，上课前我们热一下身吧！ 2.上课问好 4/4 1234 5– ｜ 1 1 33 55 师：同学们，你好 你好 你好！ 11 ｜ 5 4 3 2 1 — ｜ ｜ 生：您好，张老师好！ 课中	1.课前律动，动起来 2.上课常规问好	通过课前律动调节上课氛围，师生问好体现了音乐课程的特色，使学生更有新鲜感
		（一）导入 1.表演 师：今天，张老师带来了一个魔术，如果表演得好，请把掌声送给我。请你们猜一猜，我刚才变成哪个国家的人民了？（有同学猜是印度人）有点儿接近，其实我把自己变成了特立尼达这个国家的人啦！这个国家印度人和黑人占的人数相对多一点。 2.了解特立尼达的文化 师：走，我们一起来了解特立尼达的文化吧！	3.观看老师表演 4.观看特立尼达国家的相关图片	教师的表演和特立尼达的相关图片、视频展示，符合二年级学生的形象思维，动态的表演能吸引学生的注意力
新授学唱新曲	5′	（二）新授 1.解决难点节奏。 4/4 XX XX XLXXXX 0‖ 师：同学们，这是特立尼达，它是一个岛国，周围大海环绕，我们怎么过去呢？ 你们怎么划船的，划起来吧！	思考：为什么小船不能动？（节奏不统一） 模仿教师的动作，感受划船的节奏	有趣的学习情境很好地利用了学生对故事情节的向往，激发学生的学习兴趣，使学生在情境中主动、积极地接受任务，从而乐于学习，顺利突破了教学难点

续表

教学环节	时间	教师活动	学生活动	设计理念
新授学唱新曲	5′	师：我们的小船怎么在原地打转不动呢？原来划船是有技巧的。当我们统一节奏，就可以飞速行驶。反之，船只能原地打转，来，我们一起练一练吧！ (1)学习歌曲节奏 4/4 XX XX XLXXXX 0‖ 嘿哟嘿划呀噢 加油 (2)教师示范动作和节奏 (3)指导学生学习 (4)师生合作，分组合作 师：哇，你们划得这么好，我们终于到达了目的地。你们听特立尼达小朋友用一首歌曲欢迎我们，大家感受一下他们是用什么样的心情欢迎我们的。	团体合作 听歌曲 玩游戏观察，思考问题	在玩中学习，在学习中思考，并遵循学生的认知规律，循序渐进地学唱歌曲。教学重点：通过以快乐的情绪表演来体验歌曲热情爽朗的特点
	20′	师：特立尼达小朋友是带着一种愉快的心情欢迎我们的。 2.玩游戏 总结：歌曲有四个乐句，一三句相同，二四句不同 师：下面，我代替特立尼达小朋友跟同学们玩一个游戏。游戏里面隐藏着两个小机关，你们要用耳朵听音乐，用眼睛去发现老师的动作。什么小窍门呢？你们发现了什么 3.学习旋律 (1)学习一、三句旋律 (2)老师带学生唱一遍 (3)师生一起唱。 (4)学习第二句旋律 (5)学习第四句旋律	学习旋律、有节奏地念歌词、学唱歌曲	

续表

教学环节	时间	教师活动	学生活动	设计理念
新授 学唱 新曲		4. 歌词的学习 师：我们来看看这首歌的歌词吧！ 带学生念一遍 师生合作 小组合作 5. 学唱歌曲 (1) 学生跟着琴唱一遍 (2) 加入动作唱一次 (3) 跟伴奏唱一次，学生互相合作 6. 狂欢节 师生合作表演	唱唱跳跳，与同学、老师合作表演	使学生学会欣赏与鼓励、观看与思考、积极评论
创编	5′	编创(1) 提问一：我们发现了，每句歌词后面都有一个哈哈哈的歌词。这究竟是什么意思呢？ (2) 提问二：开心时，你会发出什么样的感叹声？ (3) 把感叹声带着歌词，一起边做动作边演唱	1. 思考并回答教师提出的问题 2. 唱唱跳跳	培养学生的审美能力，鼓励学生大胆创新，突破传统思维
	4′	师生合作表演	生生合作、师生合作	
总结	1′	1. 师：同学们，经过这节课的学习，你们有什么收获呢？ 师：同学们，这节课我们领略了特立尼达的文化魅力，认识了乐器非洲鼓，并且学习了特立尼达歌曲《哈哩噜》。 2. 布置任务：把歌曲唱给爸爸妈妈听	回答问题 聆听 拓展作业	提高学生归纳知识的能力 学以致用，拓展思维

（五）板书设计

《哈哩噜》

1. 了解特立尼达的文化。

2. 4/4 X̲X̲ X̲X̲ X|X X̲X̲X̲ "0" ‖

嘿哟嘿划 呀噢 加油

（六）教学流程图

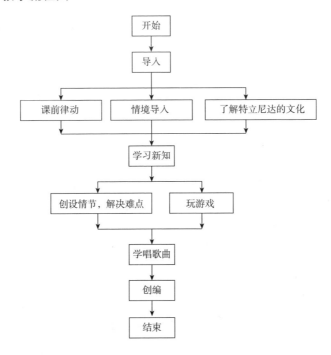

（七）教学评价

姓名		学校		授课班级					备注
学科		时间	评课人	等级（分值）					
课题									
A评价指标	B评价指标	C评价指标		优	良	中	差		
教学设计（25）	教学目标（10）	1.符合学科课程标准/教材的要求及学生实际		9~10	8	6~7	3~5		
		2.明确、合理、具体、可操作性强							
教学设计（25）	教学内容（15）	1.知识结构合理，突出重点、难点，难易适度		14~15	12~13	9~11	5~8		
		2.融入学生经验之中，联系学生生活和社会实际，适时适量拓展							
		3.正确把握学科的知识、思想和方法，注重教学资源的开发与整合							
		4.有利于学生全面发展，体现师生平等							

续表

姓名		学校			授课班级				
学科		时间		评课人					备注
课 题									
A评价指标	B评价指标	C 评价指标							
教学实施（55）	教学过程（15）	1. 根据学科特点创设有助于师生对话、沟通的教学情境，营造民主、和谐、互动、开放的学习氛围，激发学生的学习兴趣 2. 适时引导学生主动、合作学习，组织多种形式的探究、讨论、交流等活动，培养学生发现和解决问题的能力 3. 激活学生思维，能大胆质疑问难，发表不同意见，以学生问题为出发点，形成动态生成的教学过程	14~15	12~13	9~11	5~8			
	教学方法（10）	1. 寓学法指导于教学之中，寓德育于教学内容之中。善于鼓励学生，点评适宜 2. 根据教学实际科学运用教学方法，充分体现学科特点，做到因材施教 3. 现代教育技术应用适时适度，实验科学、准确、熟练	9~10	8	6~7	3~5			
	学生活动（20）	1. 参与态度：热情高，主动参与，自主学习意识强 2. 参与广度：全班不同层面的学生参与学习的全过程，有充分参与的时空和有效的合作 3. 参与深度：学习内容，感受体验由浅入深，学生能倾听、理解他人的发言，及时沟通，并提出有意义的问题和新的见解 4. 参与活动时间30分钟左右，参与方式多样，气氛活跃，学习习惯良好	18~20	16~17	12~15	6~11			
	教师素养（10）	1. 有较强的组织协调能力、应变能力和即时评价能力，有教改创新精神，有良好独特的教学风格 2. 语言生动、准确，教态亲切有感染力，板书规范	9~10	8	6~7	3~5			

续表

姓名		学校			授课班级			备注
学科		时间		评课人				
课题								
A评价指标	B评价指标	C评价指标						
教学效果（20）	三维目标达成度（20）	1.95%以上的学生学习积极主动，达到合格的教学目标 2.在学会学习和解决问题过程中形成一定的能力和方法 3.学生的情感、态度、价值观都得到相应的发展	18~20	16~17	12~15	6~11		
得分								

三、课后：教学反思

反思项目		教学目标达成情况记录及分析			
		80%以上	60%~80%	40%~59%	40%以下
教学目标达成	了解特立尼达文化	50人	0人	0人	0人
	学会歌曲	45人	5人	0人	0人
	掌握难点节奏	43人	7人	0人	0人
	创编	42人	8人	0人	0人
	学生参与的积极性	50人	0人	0人	0人
学生典型表现或个案记录		没有			
教学策略与教法实效分析		本课主要应用了ITtools3.0教学辅助平台的"媒体播放""学生互评""精华作品展示""共享资源"等功能，让学生自主探索学习，并为学生提供了课前律动操、舞蹈视频和学习测试题等教学素材。 学生学习课前操：学生打开教学辅助平台共享资源的舞蹈视频，自主学习，学会后拍下视频上传到ITtools3.0平台提交作业。			
待解决的问题及困惑		对于舞蹈基础差的学生，如何有效提高其舞蹈素质			

四、参考文献

[1] 赵宋光 . 音乐教育心理学概论 [M]. 上海：上海音乐出版社，2003.

[2] 尹爱青 . 学校音乐教育导论与教材教法 [M]. 北京：人民音乐出版社，2007.

[3] 尹爱青 . 小学音乐新课程教学法 [M]. 长春：东北师范大学出版社，2005.

[4] 廖家骅 . 音乐与素质教育 [J]. 音乐研究，1997（2）：38 — 43.

第三篇 《大鱼和小鱼》纸版画教学设计

阳江市江城第一小学　　何宜珠

一、教学目标

1. 使学生知道大小对比、疏密对比的绘画表现方法，并能够运用到作品中。

2. 初步了解纸版画和版画的历史，掌握纸版画的表现方法和技巧。

3. 组织学生以小组形式编写以鱼为主题的小故事，使学生在游戏中延伸兴趣、感悟生活，提高其想象力和创造能力。

二、教学内容

岭南美术出版社第二册第七课《大鱼和小鱼》水粉纸版画制作。

三、学情分析

一年级的学生已经掌握了一些简单的基本绘画知识和技能，学生的想象力丰富，对想象画、记忆画有较强烈的表现欲望。本节课是学生第一次接触水粉版画，学生对这一绘画形式感到非常新奇，学习兴趣十分浓厚。

四、教学重难点

教学重点：

1. 以大鱼、小鱼的造型与画面构成游戏，激发学生的学习兴趣。

2. 使学生掌握纸版画的制作方法。

教学难点：让学生通过自己的大胆想象，用拓印的方法表现画面。

五、教学策略

本课主要通过 ITtools3.0 教学辅助平台的"媒体播放"教学功能播放制作游戏性纸版画的绘画过程，用声图并茂的方式吸引学生，让学生积极、大胆地提问、发言。学生在欣赏教师制作影片的同时提高其审美趣味，并掌握绘画的基本技能和应用能力。学生通过平台"学习互助""学生互评"等功能展示绘画作品，评价他人的绘画作品，并结合生活编写大鱼和小鱼的小故事，让美术课堂变得更有趣味性。

六、教学手段

ITtools3.0 教学辅助平台、电脑室（学生使用的学习终端）、微课、图片等。

七、教学过程

教学环节	时间	教师活动	学生活动	设计理念
情境导入	4′	1. 播放《海底世界》动画游戏，激发学生的学习兴趣	说出自己感兴趣的内容	以动画吸引学生的注意力，以故事情节加深学生的体验
		2. 说一说：组织学生说说刚才看到了哪些鱼，是什么样子的，启发学生注意鱼的大小、疏密对比，并引导学生说出鱼的头形、体形、尾形、颜色等，并用动作模拟鱼的动作	学习鱼的画法	教学活动符合儿童的学习心理，学习内容具有趣味性，课堂活动具有选择性
		3. 播放老师制作的《大鱼和小鱼》纸版画动画，引出本课的教学重点——纸版画的制作		

教学环节	时间	教师活动	学生活动	设计理念
示范操作讲解	8′	教师纸版画示范： 1. 起画稿。用吹塑板制底版，不能直接在吹塑纸上刻画，可先拿油性笔在吹塑纸上轻轻地起稿，等形画准了，构图合适了，再进行下一步。吹塑纸版画适合表现粗犷一些的内容，要求构图不要太复杂		
		2. 刻画制底版。用绘画铅笔在吹塑纸上刻画，笔头要粗一些，以免把吹塑板划破，且使形成的凹槽清晰。因吹塑板本身对笔的刻画有阻力，线条有断有连，所以刻出的线条顿挫有力且线条粗犷。尽量刻制得深些，拓印出来的线条才能显得粗实、清晰。刻完后要仔细检查一遍，看是否有漏刻的地方	学生观看教师纸版画制作示范	将教学重点、难点讲透，学生操作时更容易理解
		3. 固定画纸，覆在底版上，再用夹子夹稳印纸与吹塑板的一边，形成翻书状，以便套色准确无误 4. 印制作品 (1) 固定一端 (2) 涂上颜色，颜色不要涂得太多，留出轮廓线，颜色要浓要稠 (3) 涂好一部分颜色后将画纸盖在画版上，在相应的部位用手掌压扫，如果印的效果不理想，可以重印		
学生自主合作探究学习	22′	1. 师：通过刚才的学习，大家了解了大鱼和小鱼的画法，并且掌握了制作纸版画的方法，接下来请大家尝试制作一张《大鱼和小鱼》纸版画	学生进入ITtools 3.0教学辅助平台个人空间，上传制作的纸版画作品	
		2. 教师上传制作的《大鱼和小鱼》版画的微课到ITtools3.0教学辅助平台的"媒体播放""共享课程教学资源素材文件"模块	学生打开纸版画制作的微课	

续表

教学环节	时间	教师活动	学生活动	设计理念
学生自主合作探究学习	5′	3.学生自主学习制作《大鱼和小鱼》主题的纸版画 4.学生以小组形式制作《大鱼和小鱼》小故事 5.在ITtools3.0教学辅助平台的"作品展示""精华作品展示"模块欣赏每位学生提交的作品。学生在"学生互评""师生答疑""小组合作"等模块进行作品互评，教师点评学生作品 教师课后通过ITtools3.0教学辅助平台的"课后作业""课后阅读资料"等上传成果资源、个性化资料及课外延伸知识，以扩展学生想象力，加深学生在课堂中获取的知识	以小组合作的方式制作《大鱼和小鱼》小故事 欣赏与鼓励 积极评论 观看与思考	
总结	1′	师：同学们经过这节课的学习，请谈谈自己的收获 总结：这节课我们学习了大鱼和小鱼的画法、制作纸版画的方法，以小组合作的方式创作小故事 布置任务：把你们创作的小故事分享给爸爸妈妈听	回答问题，归纳知识，完成拓展作业	提高学生归纳所学知识的能力，学以致用，拓展思维

八、板书设计

《大鱼和小鱼》

1. 认识大小、疏密对比

2. 纸版画制作步骤

3. 我们能制作有趣的小故事

九、教学流程图

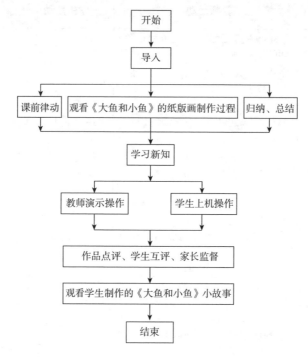

十、教学反思

从使用的工具材料和绘制方法上，水粉版画与我们平时的绘画方式都不一样，其较繁复的制版、拓印方法，对于一年级小学生来说有一定的难度。在这节课中，教师以动画、游戏的形式导入，通过图文并茂的演示讲解，运用ITtools3.0教学辅助平台，很好地突破了课堂中的教学重难点，激发了学生学习版画的兴趣，有利于更好地实现教学目标。

当老师以海底故事的形式展示一幅幅版画作品，从学生赞叹不已的眼神中可以看出，他们对版画感兴趣的程度甚至超过对画面的兴趣。整节课学生对课堂内容相当专注。兴趣是最好的老师，在制作过程中，虽然学生是第一次用粗铅笔在吹塑板上刻线，但是学生在练习一次后基本都能掌握刻线的要领。

在拓印过程中，部分学生因为水粉控制不当导致出现一些失误，但经过教师及时点拨，学生越做越有经验，能够很快掌握正确的绘制方法。

从整节课来看，学习气氛很好，学生互帮互助的能力得到了提高，对版画也有了更深的了解，在接下来的教学中，我会继续努力，牢记"兴趣是最好的老师"这句话，认真上好每一堂课，以期提高学生的综合素养。

第四篇
多维评价促交流——口语交际：《即兴发言》教学设计

阳江市江城第一小学　冯振真

一、教材分析

本次口语交际的教学内容是即兴发言。在没有过多准备的情况下，就某个问题临场发挥、当众发言，我们称为"即兴发言"。此次口语交际的目的是：让学生理解什么是即兴发言；掌握即兴发言的方法；能够根据具体场合进行即兴发言；能够对自己、对别人的即兴发言做出评价。

二、学情分析

实验班学生对口语交际课的模式已经有了一定的了解，而且上课时面对自己感兴趣的话题也有要表达的愿望。但是，当众发言时，有的学生会因为紧张而吞吞吐吐，甚至说不出话。但只要教师指导得当，场景设置得好，对于初步具备了自我意识与理性思维的六年级学生来说，即兴发言不是一件难事。

三、教学目标

1. 理解什么是即兴发言。

2. 学习并掌握即兴发言的方法与技巧。

3. 学会运用多种评价方式进行评价。

4. 能够根据具体场合进行即兴发言。

四、重点难点

重点：理解即兴发言的定义；掌握即兴发言的方法与技巧。

难点：能够根据具体场合进行即兴发言；能够对自己以及他人的即兴发言做出评价。

五、教学准备

1.准备有关善于发言的人物故事。

2.准备有关即兴发言的各种情景。

3.准备俞敏洪即兴发言的视频。

4.准备学生即兴发言的视频。

5.准备杨洁篪霸气回应美国高层的讲话视频。

六、教学手段

利用 ITtools3.0 教学辅助平台、电脑室、微视频、图片等。

七、课时安排

1 课时。

八、教学过程

（一）课前五分钟

两位学生上教坛分享关于周总理智答记者问的故事。

（二）激情导入

1.师：亲爱的同学们，你有过当众发言时吞吞吐吐的尴尬吗？你有过当众发言时双腿直发抖的紧张吗？"当众发言"真的那么可怕吗？让我们一起来看看一些名人的发言吧！

2.通过 ITtools3.0 教学辅助平台的"媒体播放"功能播放俞敏洪即兴发言的视频。

3.师：像刚才视频中的俞敏洪在没有过多的准备下，就某个问题临场发挥，当众发言，我们称为"即兴发言"。今天这节口语交际课，我们就来一起学习如何"即兴发言",请同学们打开课本 15 页。

(三)学习新课,明确特点,了解方法

1. 师:在学习新课之前,我们来复习一下口语交际的基本要求。

(1)认真倾听。

(2)表达清楚。

(3)文明有礼。

(4)大胆发言。

2. 师:接下来,我们一起来看看教材中需要我们做即兴发言的几个场合,想一想即兴发言与我们平时的发言有什么不同。

3. 学生汇报即兴发言的特点。

(出示:①有特定的场合;②有特定的倾听对象;③需要临场发挥。)

4. 师:我们明确了即兴发言的特点,现在面对课本上提到的这些场合,你能马上做即兴发言吗?

(部分学生汇报:不会。)

5. 师:其实很多同学和他们一样,一听到即兴发言马上就紧张得说不出话来。不要心急,上了这一节课,老师相信你一定会爱上"即兴发言"的,因为教材中已很清楚地告诉我们即兴发言的方法。我们一起来阅读教材 15 页的这一段话。(出示这段话)

6. 师:从这段话中,我们知道即兴发言可分为哪两步走呢?

(板书:一、打腹稿。二、说清楚。)

(四)学习如何"打腹稿"

1. 师:现在我们先来学习如何打腹稿。所谓打腹稿就是在心里打草稿,到底怎样打呢?我们看这一段话。(学生汇报打腹稿的方法)

(板书:拟内容;定顺序;抓重点。)

2. 教师总结方法。

(五)学以致用

1. 出示五个场合,请同学们根据教材中的五个场合,任选一个场合,用 1 分钟时间快速打腹稿。

2. 师:好了!时间到了,是时候展示你真正的能力了,我们来看看第一个场合，谁来打个腹稿？

（指名学生发言）

3.师：这位同学的腹稿拟定了讲话的内容和顺序，那么哪一个是重点呢？（指名学生发言）

4.明确发言的重点。

5.学生自评发言；学生评价这位同学的腹稿；教师总结评价。

6.再出示其他场合，让学生自由发言。

7.教师总结：刚才几位同学的发言根据不同的场合和对象选择了恰当的内容打好腹稿。即兴发言只打腹稿还不够，要把所想变成口中所说，还要学会逐条说清楚。那么怎样才能做到这点？我们一起来看看这个视频。（通过ITtools3.0教学辅助平台播放视频）

（六）分析视频，学习如何"说清楚"

1.师：视频中的同学是怎样做到逐条说清楚的呢？我们回想他的发言，评价总结。（指名学生发言）

（板书：有条理；联系实际；突出重点；语气自然，态度大方。）

2.教师总结方法。

（七）学以致用

1.小组练习即兴发言

师：现在请同学们根据刚才打的腹稿，用上所学的大招，在小组内练习即兴发言。

2.互评

师：请同学们根据评价表互评，看看谁获得的星星最多。出示评价表。

即兴发言评价表

具体评价	条理清晰	
	重点突出	
	语气自然，态度大方	
总评		

3.学生上台展示，其他同学用心倾听，评价上台同学的发言是否符合即兴发言的要求。

4.教师出示欢迎新同学的场面，请一位同学来发言，其他同学来点评。

5.师：这位同学点评得很中肯，你能超越他吗？请你来一个更热情的欢迎辞吧！（学生发言）

6.学生自评，生生点评，教师点评，并把评语上传到ITtools3.0教学辅助平台的"学生互评"上。

7.让学生选择喜欢的场合自由发言，并进行各种形式的点评。

（八）我行我秀

1.将事先准备好的即兴发言的话题放在"抽奖箱"中，让学生随机抽取、即兴发言。

2.学生对照评价表进行评价。

（九）拓展提高

让学生自由选择一个话题到听课教师席，和教师进行面对面交流，并请教师打分。

（十）教师总结

师：亲爱的同学们，今天我们学习了即兴发言的方法，其实一次成功的发言，只掌握了这些方法技巧还远远不够，著名成功大师说过（出示卡耐基名言）：一次成功的演讲，离不开充分的准备。这里的准备不仅仅指发言前几分钟的准备。还要我们博览群书，多学习，多积累，才能做到出口成章。

只有这样，才能做到像俞敏洪那样激动人心的发言，才能做到像刷爆朋友圈的那个发言——杨洁篪霸气回应美国高层的讲话。（通过ITtools3.0教学辅助平台播放杨洁篪霸气回应美国高层的讲话视频）

（十一）作业

选一个话题，即兴发言，让父母拍下来，并上传到ITtools3.0教学辅助平台。

九、板书设计

即兴发言

打腹稿　说清楚

拟内容　有条理

拟顺序　联系实际

抓重点　突出重点

语气自然　态度大方

十、教学反思

教学本课时，我充分利用各种视频调动学生的积极性，收到了良好的教学效果。同时我重视学生的自主学习，让学生自己学会即兴发言的方法，并学以致用。学生对本节课感兴趣，有学习动力。本节课所选话题贴近学生生活实际，让学生有话可说。学生说了之后可以进行生生评、自评、师评，形成一种固定的评价模式。

一节课下来，学生由怕说、不敢说，变得想说、敢说，并积极地走到听课老师面前，进行面对面发言，进步很大。但由于时间有限，课堂上没有照顾到全体学生，没有做到全体学生参与，我将在以后的教学中不断改进，力争在课堂教学中做到全班参与，不落下一名学生。

第三章

课题研究教学论文

第一篇　ITtools3.0 平台下小学信息技术教学策略分析

阳江市江城第一小学　冯海欧

【摘要】在信息化时代的今天，小学生对信息技术知识的掌握、运用，要顺应信息化时代的变化，在教学过程中，如何培养学生的学习兴趣与创新能力，已成为当前人们关注的教育热点问题。ITtools3.0 教学辅助平台为教师的"教"与学生的"学"提供了无限可能，其"在线抢答""作品互评""师生答疑"等功能，让师生的互动更加丰富、深入、高效，极大地激发了学生学习的主体作用，同时使学生学习更加专注，参与热情高涨，参与积极性提高。ITtools3.0 教学辅助平台将信息技术与学生使用的服务终端操作互联互通，在教师引导下，可以有效激发学生的学习兴趣和创新思维，对促进课堂教学改革具有现实的指导意义。

【关键词】ITtools3.0 教学辅助平台；小学信息技术；教学策略

ITtools3.0 教学辅助平台是教学一线教师陈斌等几位信息技术教师研发出来的，它不仅方便老师的"教"，学生的"学"，也方便家长、教师、学生沟通交流、互相监督等。这一平台通过"电子备课""课堂签到""课堂测验""学习互助""在线抢答""作品展示""精华作品展示""学生互评""教学测验""查漏补缺课""师生答疑""小组合作""复习与分析"等模块给课堂教学提供全面的技术支持，让教师从繁重的作业批改、成绩分析中解放出来，有更多的时间和精力研发出更多优质教学资源，方便学生学习。教师用 ITtools3.0 平台给学生布置作业，可以开阔学生视野，发散学生思维，提高学生的学习兴趣。家长可以通过 ITtools3.0 平台更详细、更全面地了解孩子的学习情况。这一平台方便教师、学生、家长交流与监督，达到更好的教育效果。ITtools3.0 教学辅助平台转变了传统机械灌输的教学方式，促进小学学科课堂教学方式研究重心转移到学生自主探究学习上，努力探究、创新教学方法，研发更多微课、课件、教学设计等，更好地激发学生的学习兴趣，使课堂教学活动更加故事化、趣味化、思维化、生活化、多样化，提高教学效率，提高学生的学习兴趣和终身学习的能力。

目前，我国教育部要求把信息技术知识具体化、生动化。小学信息技术教师在教育教学中不但要重视理论知识，还要注重学生的信息技术操作能力、自主学习能力、知识运用能力等素养培养，调动学生的视觉、听觉，加强学生的感知，收集、创作出各种类型的教学资源，拓展教学内容，丰富学生的知识储备，让学生在轻松愉快的环境下吸收知识，更好地理解教学内容。而学校 ITtools3.0 教学辅助平台建设成功并投入使用，可以将教师教学方式的转变落到实处。

ITtools3.0 教学辅助平台让教室的网络通信设备、存储设备、教学平台、学习终端等之间实现互联互通，为师生之间的互动交流提供多种方式支持。ITtools3.0 教学辅助平台能够记录学生的学习过程，并进行数据分析，从而让教师实时获取学生学习情况，以便调整教学节奏，更好地实行因材施教，并为学生学习提供针对性教学服务。ITtools3.0 教学辅助平台满足了课堂"在线抢答""课堂讨论""课堂测试""学生互评"等多种课堂教学活动需求，设计学生的学习任务，通过平台提供微课、测试题、课外延伸知识等学习资源，体现师生间互动交流和及时反馈，通过平台实现学习全过程记录及数据分析，对学生实行多维度的学习评价，极大地激发了学生的学习兴趣和学习主动性。

一、创新场景，体验学习

无论是学生端还是教师端，ITtools3.0 教学辅助平台都可以下载教师提供的教学资源，包括视频、音频、文本、图片、交互动画等不同类型，呈现出不同的场景，可以使课程变得更加生动有趣，让学生深入理解对应知识点。如教师将 Scratch《大鱼吃小鱼》这款经典游戏制作成微课，并将微课、Scratch《大鱼吃小鱼》游戏说明、思维导图描述等资源上传到 ITtools3.0 教学辅助平台"媒体播放"中。在教学过程中，教师可制作游戏演示，让不同角色在不同场景呈现，使学生明白游戏原理。学生尝试制作游戏时，如果忘记了制作要领，可以循环播放微课，自主进行制作并完成作品，教师边察看边指导，对脚本编程设计有困难的学生，教师个别进行辅导。学生实际操作时按小组进行，各小组互相帮助，互相学习，学生自主设置游戏时间长短、角色躲避能力强弱等，创设人机交互的程序控制。学生在自主制作过程中，掌握了游戏的创作原理与方法，对游戏创作产生深层次的理解。学生上传作品后，通过 ITtools3.0 教学辅助平台"学生互评"模块进行作品互评，学生根据作品反馈，对作品进行二次创作。整个操作学习环节都在不同的场景转换中实现，可以让学生真正体验学习活动。

ITtools3.0 教学辅助平台为学生创设了"作品展示""精华作品展示""学生互评"等功能，让教师的教学平台、学生的学习终端、教学资源做到无缝连接，实现师生间即时多边互动和及时高效反馈，可以激发学生的学习兴趣，使学生更专注于课堂学习，促进学生的深度体验。

二、创新教学方式，提高学习效率

教师利用 ITtools3.0 教学辅助平台"媒体播放""课堂测验"等教学功能，与学生的学习终端互联互通，通过翻转课堂进行个性化教学，让学生自主探究学习，转变传统讲授单一、机械灌输的教学方式。在教授新课前，教师在 ITtools3.0 教学辅助平台上传教学资源（微课、课件等），学生通过平台点击微课进行自主学习，亲身操作，发现问题，解决问题，完成课堂测试，平台及时反馈结果，学生进行反思改进，经过不断循环，学生对知识获得深化理解，解决问题和勇于自主探究的意识得到不断提高。

小学信息技术教学内容表述比较抽象难懂，小学生很容易出现精神不集中、开小差等现象，影响学习效率。根据学生年龄特点，教师可以充分发挥信息技术教师的专长，把教学内容制作成独立完整的、短小精悍的微课，并以生动有趣的形式展现出来，让学生观看微课自主学习。如教学《认识 Word 窗口》一课时，教师把本课的重难点内容制作成微课，如怎样打开 Word 软件，介绍 Word 窗口界面，怎样输入汉字，简单排版，怎样保存文档，等等。生动有趣的微课让学生学习起来变得轻松愉快。同时，微课可以反复播放，学生在学习中有不懂的地方，可以反复回看，直到理解、会操作，提高了教学效果。应用 ITtools3.0 教学辅助平台进行教学方式的创新，打破了"老师讲学生听"的传统教学方式，提高了学生自主学习的能力，培养了学生的学习兴趣，可以达到更好的教学效果。

三、共享精品教学资源，促进教师专业发展

ITtools3.0 教学辅助平台可以实现课程资源（微课、教学设计、课件、课例、课堂测试等）共享，帮助教师批改、分析学生的课堂测试、课堂作业、课后作业等，汇总学生学习情况的单项分析和综合分析等，为教师做出教学决策和因材施教提供科学依据，让教师从繁重的作业批改及错误率汇总分析工作中解脱出来。每位教师都把自己的精品课程资源共享至平台中供其他教师使用，可以省出大量时间从事教研工作，从而提升自身的教学水平和教学能力，进而提高学校的教学质量。

教师间要形成合作、知识共享，需全体教师的广泛参与。共享精品教学资源活动必须打破教师间保守、封闭的工作方式。因此，教师应该学会如何利用他人创制好的教学资源。

ITtools3.0 教学辅助平台为教师共享优质课程资源提供了方便，加强了教师间交流、协作、分享和整合，营造了相互学习、相互合作、相互促进的资源共享环境。每位教师都有着自己独特的教学体验和不同的教育观念、教育思想、教育精神，而资源共享拓展了教师的知识视野，有利于促进教师的专业化发展。

四、创设展示环节，激发学习自信心

新课程标准要求在评价体系中，不但要重视教育教学的结果，更要重视

教育教学的过程。美国著名的教育评价学者布卢姆认为：对结果进行评价意味着终结性，而对过程进行评价则暗示着还有改进的时间和机会。让每位教师对所有学生的学习过程都能及时做出评价是不现实的。然而通过学生作品展示和共享，学生会不由自主地将自己作品与其他同学的作品进行对照，取长补短，增强了学生对学习内容的深度理解。通过作品展示实现自评、生评和师评，师生间认真、踊跃、正能量的过程评价，符合新课程实施的理念，这是教学新的效能增长点。

学生可以向 ITtools3.0 教学辅助平台提交作业，还可以在 ITtools3.0 教学辅助平台"作品循环播放"模块中欣赏每位同学提交的作品，也可以在 ITtools3.0 教学辅助平台"学生互评"模块里，对自己或同学的作品做出评价，进行简要的评论，还可以看到老师对自己和同学作品的评价和简要评论。教师可以把优秀作业放到 ITtools3.0 教学辅助平台"精华作业展示"中，供学生及家长相互学习借鉴，让家长了解作业质量情况，便于家长监督教育学生。ITtools3.0 教学辅助平台为学生、家长、教师提供了及时、便捷、人人可以参与的互学互评的平台。

学生向 ITtools3.0 教学辅助平台提交作业，学生、家长、教师通过电脑或手机进入 ITtools3.0 教学辅助平台"作品循环播放""精华作业展示""学生互评"模块中，可以欣赏每位学生的作品和教师推选的精品作业。每一件优秀作品的完成，都是学生与教师心血和汗水的付出，自己的作业成为优秀作品，这在学生心里产生的能量是不可估量的。心理学研究表明，一个人自己刻苦努力完成一件事，体验成功，做到最好，会激发其做什么事都会产生自主探究、追求成功的勇气和力量。有了这些发光的地方，学生也会变得更自信、更用心，更喜欢自己的专长。因此，ITtools3.0 教学辅助平台多渠道展示学生优秀作品，将是造就更多学生成功的基石。

通过 ITtools3.0 教学辅助平台的展示环节，学生可以找到今后改进、努力的方向。学生通过作品互评，经过认真反思、反馈及语言组织表述，可以学会互相激励、互相交流、互相启发，也学会了互相尊重，进一步认识、了解和完善自我，从而促进自身人格的健康成长。当然，在教学中，学生之间的评价只是评价的一种，教师要把握好"度"，让学生合理、客观地进行评价，有效激励学生学习的积极性，使学生更自信、更主动、更专注地参与学习过程，激活学生的内在潜能。

五、创新小组合作学习，凝聚智慧

美国明尼达大学合作学习研究中心的约翰逊兄弟指出：合作学习就是在教学中运用小组，使学生共同开展学习活动，以最大限度地促进他们自己以及他人的学习的一种学习方式。学生可以在小组中通过明确的责任分工，共同完成任务，进行互助性学习。

分组时，应将不同性格特点、不同语言表达水平、不同能力水平、不同个性特征、不同研习爱好、不同成绩层次等的学生分到一个小组，也可以让学生自由组合成一个小组，小组成员关系会更和谐，体现出学生的自主性。一般 7 人一个小组最理想，以优、中、差等次搭配，更能体现小组的合作性、学习性。小组设立小组长，组长负责分工，明确各自的职责。组员之间要以大局为重，避免恶意的争论，相互尊重，以发现、鼓励组员优点为主，多说表扬激励语言，诚恳帮助组员改进不足之处。组员应充分发表自己的见解，相互交流、启发与分享，积极参与小组合作学习。小组长应发挥小老师的作用，组织优秀生帮助后进生，在实践合作中辅导后进生，并提出合理、建设性的建议。这样一来，组员间的关系就会变得和谐、融洽，小组成员智慧被挖掘，集体智慧才会发挥出来，信息技术课程的学习目标才能达到预期效果。

ITtools3.0 教学辅助平台可以根据系统设置指定学生分组，也可以让学生自由分组。小组成员可通过 ITtools3.0 教学辅助平台"组长推选"功能选出自己的组长，由组长设置确定主题，负责小组成员具体分工，展示（提交）小组成果（讨论结果）。ITtools3.0 教学辅助平台为小组合作提供"小组活动信息""组内资源交流共享""小组成员互相讨论""小组成员评价""组长评价"等功能模块，为学生搭建了小组合作学习交流的平台，方便学生互评，为学生提供直观的作品成果展示，创新了小组合作学习成果的评价方式。学生研讨、成果展示分享、人机交互等活动将充分发挥小组成员的聪明才智，让小组合作学习和教师的教学活动融为一体，充分挖掘每个学生的潜能，让学生学到的知识得到内化、延伸。需要注意的是，小组合作学习需要教师严谨的组织及适当的管控。

教师应引导每个小组成员都积极投入合作学习中，顺利完成小组合作学习任务。开展活动前，教师要做好充分准备，指导小组如何分工、如何交流、如何聆听等，让学生学会交流、学会调和、化解小组成员间的分歧与矛盾。教师准备好的相关文档、图片、视频等教学资源上传到ITtools3.0教学辅助平台"组内资源交流共享"模块，通过资源共享，提高学生对同样资源进行不同处理时的加工创造能力。

教师可以根据合作学习的主题进行分工，尽量适合学生的性格特点、语言表达水平、能力水平、个性特征、学习兴趣等，做出科学分析，也可以由小组成员通过ITtools3.0教学辅助平台的"组长推选"功能，让每项分工内容都能推选出最佳小组成员来完成。通过民主推选的组长及组员分工，可以使小组成员更加明确各自的学习任务与责任，发挥各自的特长，使其在学习活动中各尽所能，各有提高，以提升小组的整体水平。

如《制作电子小报》一课，教师让学生独立制作一份"电子小报"，对大部分学生来说难度相当大。本课可以应用小组合作方式来完成。教师将课程的内容进行分解，布置小组合作学习任务，通过ITtools3.0教学辅助平台的"小组讨论推选"，推选出作文水平高的同学负责文字编撰，组长负责构思监督，摄影水平高的同学负责查找图片，手抄报水平高的同学负责电子小报的设计，电脑操作熟练的同学负责操作，等等，学生通过小组分工合作，任务到人，充分施展每个学生的专长，合作探究，各尽所能，在责任感和阶段成就感的驱使下，学生都能完成各自的任务，小组最终完成制作"电子小报"的学习目标。

成果的评价可以通过ITtools3.0教学辅助平台的"小组成员自评""组内互评""组长评"功能模块来完成。小组向教师提交活动成果；教师推选出有代表性的活动成果，进行全班讨论、交流，分享小组感人事例、心得体会等。反思解决困难的过程及存在的不足，小组互评、自我评价，教师做出适当点评，表扬学生，激励学生再接再厉，评选优秀小组团队、优秀小组长、优秀组员、最佳团队贡献奖、最佳团队创意奖等。通过ITtools3.0教学辅助平台的"学生互评"功能，学生可以欣赏到各小组的活动成果，并对各小组活动成果做出评价，也可以对各小组活动成果做出简要评论。通过小组活动成果展示交流和自评、互评的活动，学生可以发扬优点、修正缺点，找到自身不足，寻找改进方向，争取更大的进步。ITtools3.0教学辅助平台下的小组合作学习发挥了学生学习的主动性，为全过程、多维度的学生评价提供数据、技术支持，创新了小组合作的学习和评价方式。

六、突出学生的主体性

《基础教育课程改革纲要（试行）》在论及基础教育课程改革的具体目标时指出："改变课程实施过于强调接受学习、死记硬背、机械的现状，倡导学生主动参与、乐于探究、勤于动手，培养学生搜集和处理信息的能力、获取新知识的能力、分析和解决问题的能力以及交流与合作的能力。"自主学习以学生作为学习的主体，通过学生独立地分析、探索、实践、质疑、创造等方法来实现学习目标。

皮亚杰的建构主义教学理论提倡知识不能由教师传授获得，而应该在一种特定的学习环境中，凭借对应的材料，在同伴的协助下，实现知识意义的构建，从而掌握该知识。

布鲁纳结构主义教学理论提倡在发现中教学。他认为教育的主要目的是让孩子成为主动的思考者，在这个过程中，学生要自觉主动地构建知识结构，发现并得出知识之间的规律，养成发现学习的习惯，从而尽可能牢固地掌握知识。

ITtools3.0教学辅助平台让教师的教学资源与学生的学习终端实现了互联互通，为师生间的课前、课堂、课后教学与学习互动交流提供了多种方式支持。ITtools3.0教学辅助平台为教师、家长、学生三者有效的交流、互动、监督与反馈提供了技术保障，通过大量现代化、信息化、数字化、智能化的教学资源，为学生个性化自主探究学习创造了有利条件。

教师课前根据教学需要，收集、创制教学资源，通过ITtools3.0教学辅助平台实行网络共享、互联互通，从学生的自主探究学习需求出发，为学生提供可以反复观看的视频、测试题等教学资源，提供针对性教学服务。备课时，教师制作教学内容所需的教学、学习资源，满足课堂在线抢答、课堂测试、课堂讨论、作业展示分享等多种课堂教学活动需求，帮助学生学习、探究、实践新知识，培养学生自主学习、科学探究、学习创新的能力。如《鼠标的运用》一课的重点是让学生掌握鼠标单击、双击、拖动、右击等操作，如果单纯靠教师讲解，学生机械练习，会使学生感到枯燥乏味。教师课前准备两个鼠标练习游戏《小兔过独木桥》和《快乐七巧板》，通过ITtools3.0教学辅助平台资源共享，让学生自主练习，将鼠标操作巧妙应用于游戏中，让学生在玩中探索游戏的操作技巧。

学生使用自己的学习终端与ITtools3.0教学辅助平台互联互通，反复观看、下载教师为教学新课创制的教学微课、素材等，自主完成学习任务，体现了"教师为主导，学生为主体"的教学理念。教师与学生答疑、交流、互动，更体现了学生的主体性，激活了学生的主动性。如执教《复制与粘贴》一课时，教师组织学生完成教学任务"植树造林"作品。学生已经会使用"画图"中的复制、粘贴功能，应用复制、粘贴功能，通过"选择"功能和"大小"的改变，由一棵树就可以造就一片树林。教师继续引导学生再复制粘贴出一幅草地图画，鼓励学生为自己的草地复制粘贴出蜻蜓、蝴蝶、马、象、虎、云、树、花等。教师将这些素材上传到ITtools3.0教学辅助平台当前课程的"课后阅读资料"中，学生可以选择喜欢的素材复制到自己的草地上，完成作品。学生通过ITtools3.0教学辅助平台提交作品、展示分享，学生间进行作品互评，教师推选精华作品展示，既延伸了学生课外知识，促成学生独立思考，又提高了学生学习的主动性、积极性。

课后，通过ITtools3.0教学辅助平台"课堂测验成绩查询""课后作业成绩查询""查漏补缺"等功能模块，教师可以系统了解所有测试题、作业题的完成情况，系统会自动汇总学生在测验和课后作业中所有出错的题目信息，使教师更有针对性地开展个性化教学。

通过ITtools3.0教学辅助平台"班级学习情况综合查询""学生个人详细学习情况查询"功能模块，系统可以自动对全班学生和每个学生的学习情况进行综合统计，教师通过数据科学分析统计，找出教学中的薄弱之处，找出学生学习中的不足，有针对性、层次性地进行教学。这既关照到学困生，又不影响班级的教学进程，可以达到更好的教学效果。教学方式创新使学生的学习热情高涨，学习的积极性、主动性得到明显提升，无论从情感参与度还是行为参与度来看，学生的学习更为深入，自主探究的学习能力也得到大大提高。

七、结束语

ITtools3.0 教学辅助平台支持教师、学生、家长在线交流、互动、答疑解惑等，有效地实现了教师、学生、家长的使用终端无缝连接。其科学、高效的数据分析能力便于教师准确了解学生对知识的掌握情况，有利于教师分类指导学生，更好地实行因材施教。ITtools3.0 教学辅助平台促成自主探究学习、小组合作学习、检验式学习、翻转课堂等教学方式转变，激发了学生学习的积极性，学生的主体地位得到提高，学生的自主探究学习能力得到加强，学生学习的兴趣以及成绩得到很大的提升，进而实现新课程标准的教学目标。

八、参考文献

[1] 李雪娇. 量化评价调动学生自主学习的积极性 [J]. 经济视野, 2014（2）：333-444.

[2] 陈穗芳. 如何在课堂中提升学生的自主学习的能力 [J]. 文学教育（中），2010（07）：134-135.

[3] 张红艳. 让学生在自主学习中提升语文素养 [J]. 中学课程辅导：教学研究, 2011（6）：55-66.

[4] 尹建秋, 王继梅. 对学生自评与互评的有效评价策略 [J]. 体育师友, 2010（02）：41-42.

[5] 庞维国. 当前课改强调的三种学习方式及其关系 [J]. 当代教育科学, 2003（06）：18-22.

[6] 黄丽萍. 基于专题学习网站的学生自主学习能力培养探索 [J]. 时代教育, 2014（04）：14-15.

[7] 王健荣. 新课程背景下对学生互评与自评的评价探讨 [J]. 中学教学参考, 2009（33）：58-59.

第二篇 ITtools3.0 平台下的智慧教研开发与实践

阳江市江城第一小学 冯海欧

【摘要】智慧教研促进教师在教育教学专业能力方面的自主发展、自主提升，具有自主性、实践性和多样性。教师在教学中激发学生内在潜能，可以让学生学会独立思考，提升学生的想象力、创造力、观察力、专注力、感知力、联想力、思维力和行动力等，让学生的学习动机由"学会"转向"会学"。让学生获得发展是教育教学的初心。智慧教研既有利于教师的"教"，也有利于学生的"学"，是师生间教与学的双赢。

【关键词】ITtools3.0 教学辅助平台；智慧教研；开发；实践

ITtools3.0 教学辅助平台让教室的网络通信设备、存储设备、教学平台、学习终端等之间实现互联互通，为师生之间课前、课堂、课后教学与学习互动交流提供多种支持方式。ITtools3.0 教学辅助平台能够记录学生学习过程，并进行数据科学分析，从而让教师实时了解学生的学习情况，以便教师调整教学节奏，更好地实行因材施教，为学生提供有针对性的教学服务。ITtools3.0 教学辅助平台满足课堂在线抢答、课堂测试、课堂讨论、作业展示分享等多种课堂教学活动需求，通过平台共享微课、测试题、课外延伸知识等学习资源，可以实现师生间的互动交流和及时反馈，还可以对学生实行多维度的学习评价，激发了学生学习的兴趣和主动性。

随着科技的发展，越来越多的人意识到教育互联网的革命势必会影响教育领域，将促使教师教学观念的转变，改变教师的教学方式，改变学生的学习、行为和思考方式。在互联网时代，信息化浪潮冲击着生活的每个角落，我们看到，信息化教育变革正在孕育，个人学习环境为个性化学习打开新的大门。

智慧是由智力系统、知识系统、方法与技能系统、非智力系统、观念与思想系统、审美与评价系统等多个子系统构成的复杂体系孕育出的能力，是一种高级的综合能力，让人可以深刻地理解人、事、物、社会、宇宙、现状、过去、将来，拥有思考、分析、探求真理的能力，使我们做出正确的决策。

教研是发生在两个或两个以上钻研者之间的活动，教研时，不同分工或不同水平的教研者进行互动，进行成果的交流、分享，再将不同教研者的成果整合成为集体的、系统的教研成果，或是较高水平的成果被教研者认识直至吸纳。

智慧教研是教师对课程、教材、教法的实践，对课前、课堂和课后的探索，深入细致地研究、创作、总结教学资源及自己的教学行为，从学生、社会、科学、心理等多个视角进行反思和调整，结合教育教学原理、教学法与个体的学科教学内容结合起来的应用过程，教师间进行成果的交流、分享、提升，整合成为集体的、系统的教研成果，或是较高水平的成果被教师认识直至吸纳。

一、开发智慧教研，创新教研方式

教研组可以以班级形式来命名，如 2020 信息技术教研组。教研组成员可以以学生的身份进入 ITtools3.0 教学辅助平台，充分利用平台功能开展教研工作，ITtools3.0 教学辅助平台为用户提供"小组活动信息""组内资源交流共享""小组成员互相讨论""小组成员评价""组长评价"等功能模块，为教研组合作教研、评论、评价、资源共享等提供技术支持。教研组成员通过讨论、展示、分享、人机交互等活动，促进合作教研与教学活动融为一体，充分发挥教研组成员的主体能动性，促进教研组成员理论知识、实践经验内化及提升。

教研组合作研究前，要做好充分准备，教研组组长、成员准备好相关的资料、图片、视频等媒体资料或网络共享资源上传到 ITtools3.0 教学辅助平台"组内资源交流共享"模块。教研组组长可以根据合作教研的主题做好明细分工，尽量适合教研组成员的个人性格特点、能力水平、个性特征、专长兴趣等，再通过 ITtools3.0 教学辅助平台的"组长推选"功能，让每项分工由最适合的教研组成员来完成。还可以通过民主推选成员分工，使教研组成员明确各自的研究任务与责任，发挥各自特长，使其在教研活动中各尽所能，各有提高，以提升整个教研组的研究水平。

如开展《制作电子小报》一课教研活动，由授课教师独立创制这一课的教学资源会比较困难。在开展教研活动前，教研组长将任务进行分解，安排分工，通过 ITtools3.0 教学辅助平台的"小组讨论推选"功能，推选出写作能力强的教师负责文字题材，组长负责组织汇总，摄影水平高超的教师负责图片素材，普通话好的教师负责录音或文字转语音，音乐水平高超的老教师负责音乐素材，电脑操作熟练的教师负责微课、课件制作等。通过教研组成员合作，充分发挥每个成员的特长，完成任务。组长提交教研成果时，通过 ITtools3.0 教学辅助平台"小组成员互相讨论""小组成员评价""组长评价"等功能模块，进行讨论、交流、评价、探讨对教研组合作中遭遇的问题如何进行改进和提高，最终实现总目标。

二、共享精品教学资源，启迪智慧教研创新

ITtools3.0 教学辅助平台可以实行课程资源（微课、教学设计、课件、课例、课堂测试等）共享，能帮助教师批改、分析学生的课堂测试、课堂作业、课后作业等，并汇总学生学习情况的单项分析和综合分析等，为教师的教学决策和因材施教提供科学依据，让教师从繁重的作业批改及错误率汇总分析工作中解脱出来。每位教师可以把精品课程资源共享，从而省出时间从事教研工作，研发出更多的精品课程资源，提升自身的教学水平和教学能力，进而提高学校的教学质量。

教师间要形成合作、知识共享，需要全体教师的广泛参与。共享精品教学资源活动必须打破教师间保守、封闭的工作方式。教师还应该学会如何利用他人创制好的教学资源。如笔者共享了 Scratch《大鱼吃小鱼》《制作个人小名片》《调查旅游意向》《用计算机写作文》《猫捉老鼠》《红绿灯前——制作逐帧动画》等精品课程资源。在《制作个人小名片》一课中，通过教师示范操作讲解，学生学习制作个人小名片的方法，并尝试制作个人小名片。学生还可以进入 ITtools3.0 教学辅助平台"课后阅读资料"，下载制作个人小名片的微课、名片礼仪视频等，在平台"媒体播放"中直接观看视频。这样可以有效解决课堂上学生接受知识程度不同的问题。优秀生能自己

操作,大多数学生边观看微课边操作,教师指导个别学困生,让学优生"吃得饱",也能让学困生没有学习压力,能消化。完成小名片制作的学生可以观看名片礼仪视频,了解传递名片的中外礼仪,拓宽视野,体现了小课堂大社会的教学理念。学生操作与微课创作互动起来,可以满足不同层次学生的需要。

ITtools3.0 教学辅助平台为教师优质课程资源共享提供了方便,加强了教师之间的交流、协作、分享和整合,营造了相互学习、相互合作、相互促进的资源共享环境。每一位教师都有着自己独特的教学体验,每一位教师都有不同的教育观念、教育思想、教育精神,而资源共享拓展了教师的知识视野。教师间教学资源共享、合作,还可以让教师获得情感的激发、智慧的启迪、发现的欢愉,在实际教学工作中收获满足内在需要的专业化发展。

三、资源沉淀,为智慧教研开发提供多元题材

ITtools3.0 教学辅助平台实现了教师之间的优质资源共享,创建智慧教研活动的互通互联工作环境,激发同一学科、同一年级教师的教学热情、动力和潜能。教师体会到资源共享给教学带来的实惠与便捷,也自觉地参与到资源共享的活动中,逐步沉淀组织自己的课程资源,实现个人教学资源管理价值提升;同时,实现学校各学科、各年级教学资源管理的有机建设,可以让各学科、各年级教师实现更多的知识共享,促进老师交流、学习的多元化、无障碍化、扁平化。

ITtools3.0 教学辅助平台能帮助教师解决跨学科知识共享和信息交流的困难,让分散的教学资源合理分类沉淀。教师可以通过 ITtools3.0 教学辅助平台共享课程资源,寻找需要的题材资源,拓宽教师获得信息的渠道。随着信息化的发展,教育教学、教育管理等方面也相应发生了新变化,这就使教师要不断学习、研究、解决新问题。比如在以前,信息技术学科教师上课时排版、制作一些简单的文档、幻灯片就可以了。随着教学现代化的不断发展,教师还要剪切视频、制作微课、制作微视频等。ITtools3.0 教学辅助平台资源共享功能为教师"内练"和"外联"提供了技术支撑,提升了教师个人教学资源管理和应用的能力。

四、ITtools3.0 平台下智慧教研的实践

把教学设计、课件、微课、视频、课例等教学资源借助 ITtools3.0 教学辅助平台进行精准分类，可以让教研不受时间、时空限制，融合学科特色、个性化特征，打造"智慧教研"新常态。开展教研活动时，教师可使用学习终端进入 ITtools3.0 教学辅助平台，参与讨论，教研活动结束后，教师可使用移动终端对活动进行评价、评论、反思等。平台会进行数据采集、数据汇总，体现出智慧教研的精准性、有效性、及时性、引领性、操作性和公认性，提升了教研的理论高度，体现了"团队智慧，经验分享"的教研设想，促进了教师专业成长。

（一）智慧教研实践拓展

1.智慧教研以成功典范为引领，以点带面，以事引思，以思促研，以研促思，以思引事，形成各学科课程教研模式，实现各学科教研实践的拓展与应用，如图 3-1 所示。

图 3-1

2.应用 ITtools3.0 教学辅助平台以智慧教研活动促进教研创新，创新课程教学研究方式，可以促进教师的教学反馈与反思，使教师专业发展得到提升，如图 3-2 所示。

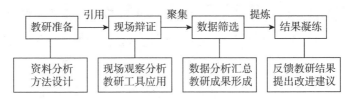

图 3-2

3.以典型课例促进智慧教研规范化、常态化，优化常态化智慧教研活动流程设计，明晰备课、上课、听课、说课、评课等教研活动推行要求，如图 3-3 所示。

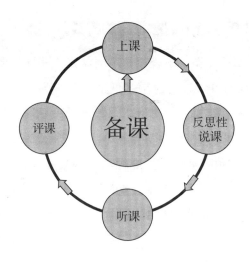

图 3-3

4.确立主题智慧教研活动的程序和要求，对每一个程序和要求做出详细阐述，如图 3-4 所示。

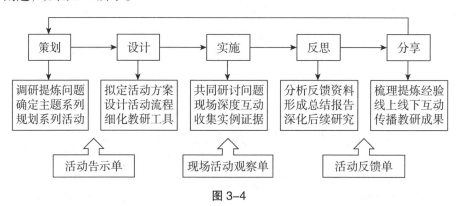

图 3-4

除了在ITtools3.0教学辅助平台交流分享智慧教研实践经验，教师还可以组织个人主题交流会，推选学科教研组优秀教师，推广展示自己的研究成果，分享交流研究经验，还可以组织优秀教研组开展主题教研观摩活动，推选教研贡献较大的教研组承担观摩活动，让全校教师观摩学习，取长补短，获得启迪，促使教师更深入地做到"教中研，研中教"，实现"教研支持教师专业成长，教师促进教研品质提升"的愿景与目标。

（二）骨干教师课堂开放日和青年教师汇报课活动

在骨干教师课堂开放日展示活动中，骨干教师扎实的基本功、知识储备、语言表达、教学方法、教学特色等,为青年教师起到了示范引领作用。学校通过双向听课、上课评课、教学案例分析等研磨形式,可以极大地促进青年教师的专业成长。

新课程标准要求,一节好课的重心由教师的"教"转向学生自主的"学"。一节好课,不但要求教师必须具备相应的教学能力,更要求教师能调动不同层次的学生主动地"学",给学生创造更多自主、探究的学习机会,不同层次的学生在课堂上得到充分发展。这就要求教师准备更多的优秀教学资源,具有过硬的教学基本功,充足的知识储备,及时应对各类学生的学习需求。

总之,ITtools3.0平台下智慧教研活动的有效开展,给教师提供了一个互相交流、互相切磋、共同成长的平台。我们相信,让教师教研活动转变为智慧教研常态化,成为求真务实的教研活动,让常态智慧教研点亮我们的智慧课堂,一定能让课堂教学更加丰富多彩。

五、参考文献

[1] 沈李琴. 互联网思维下的智慧教研平台开发与实践 [J]. 中小学信息技术教育, 2019(2): 138-141.

[2] 郑小军. 意识与理念 职业院校教师如何提升个人知识管理能力: 上篇 [J]. 广西职业技术学院学报, 2019(1): 63-70.

[3] 何继新, 何海清. 城市社区公共服务智慧化供给治理: 基本特质、标靶方向和推进路径 [J]. 学习与实践, 2019(4): 100-109.

[4] 常青, 杨武健, 龚景兴. 智慧图书馆建设误区与建设策略 [J]. 图书情报工作, 2018(19): 13-18.

第三篇 ITtools3.0 平台下语文翻转课堂教学模式初探

广东省阳江市江城区教师发展中心 冯瑞洁

【摘要】现代化教育技术的应用与发展，推动了翻转课堂教学模式在各学科的尝试并取得一定成效。能否在语文教学中开展"翻转课堂"模式？又该如何开展？在 ITtools3.0 平台下，进行语文"翻转课堂"尝试，对学生自主学习习惯、学习能力和思维养成都有很好的促进作用。

【关键词】ITtools3.0 教学辅助平台；翻转课堂；微课；语文课特点

对中小学来说，翻转课堂教学模式备受瞩目，其最先在理科教学课堂上被引进。相对于知识点比较集中的理科来说，语文是一门人文性和工具性统一的学科，注重学生语感的习得与语言运用能力的提升，并非一个知识点、一种技能、一类问题的一一对应关系。因此，实验学校一般不选择语文课开展翻转课堂的尝试。其实，语文学科更适合自学自悟、先学后教的教学方式，关键是教师要选择好"前置教学点"，并组织好课堂上学生讨论探究等环节，从而体现出语文学科的教学特点和方式方法，探索语文教学模式的变革。

借助 ITtools3.0 信息技术教学辅助平台，更有利于语文课的翻转课堂教学课上课下的衔接，便于师生、生生互动。该教学辅助平台提供了 30 多个独立的功能页面，包括信息化资源呈现、个性化自主学习、互助交流、协助学习、作品展示与互评、课堂测试、学情记录与监控、学习心得记载等，灵活支持各种类型的教学活动，较好地贯穿于整个课堂教学的各个环节，有助于学生自主学习以及进行学习效果的反馈。

一、前期准备

（一）深刻理解翻转课堂的内涵

翻转课堂对学生的学习过程进行了重构，教学过程由"教→学"模式变成了"学→教"模式，是对传统课堂教学结构与教学流程的彻底颠覆。翻转课堂的"信息传递"过程为由学生在家里借助互联网及教师提供的视频学习，实行课外自我传授知识；"吸收内化"则是在课堂上通过互动来完成的。课堂上，教师不讲新课，直接讨论，解决学生课前学习遇到的困难。让学生带着问题进课堂，可以让教师有针对性地对问题进行讲解，使学生能够展开充分的互动交流，进行自主思考。教师在其中起到助教、辅助的作用，而不是像传统课堂上所处的以教师为中心的方式。翻转课堂将更多的时间和精力留给学生，体现了学生课堂学习的主体地位。

（二）支撑翻转课堂的信息化教学设施和师资培训

从阳江市江城第一小学开展课题《ITtools3.0平台下小学学科教学方式创新研究》的研究以来，学校加强了信息化基础设施建设，深入推进"三通两平台"，建成数字校园，特别是完善了实验班的教学平台，为教育教学的改革和创新提供设备和技术支撑。同时，课题组开展了多种形式培训活动，在课题组长的带领下，课题组成员进行了ITtools3.0平台应用、PPT制作、查找资源、微课制作及应用、网络备课、各种软件的应用等培训。在课题研究中，参与实验的教师不断学习，提高了利用ITtools3.0平台促进教学质量提高的能力。经过近三年坚持不懈的培训和平台使用，课题组教师的信息化教学水平得到较大提升。

（三）具备录制微课的技术水平

翻转课堂离不开微课。翻转课堂实际效果高度依赖学生的自学能力，以及教师对微课的精心设计和对学生反馈的充分关注。学生在自学过程中少了教师现场指导，如果微课讲解不到位或学生自学能力较弱，会造成知识传授阶段的困难。因此，微课制作的关键步骤是课程内容的选择和教学过程的设计。微课应包含哪些内容？有教师用一句流行语提炼出来：哪里有抱怨，哪里就有微课。教师必须用心去分析教学内容及每一位学生的特点，把握学生的"抱怨点"，对教材做深层次解读，围绕某个知识点或教学环节录制成 10 分钟的微视频，将学习重难点讲透讲全。同时，教师必须要有专业的视频录制技能。课题研究的所有微视频都是教师根据学生不同的特点量身定做的，在帮助学生学习知识的同时，又可以让学生消化重难点。这些都对教师的教学技术提出了较高的要求，体现出教师技能的专业性。

二、翻转课堂的实施

（一）合理设计以及把控课堂

翻转课堂成效的关键在于课堂。传统课堂中，教师按照既定的教案讲授知识，课堂中一直是老师讲学生听，一成不变。但是翻转课堂不同，不再是以教师为中心的预设性的信息传递，教师必须集中精力，帮助学生解决在课前深度自学中发现的问题和遇到的困难。由于学生学习能力的差异性，学生的问题和困难会是各种各样的，极有可能不在教师的预设之中，成为教师组织调控课堂的极大挑战。但这正是翻转课堂的价值所在，课堂是学生呈现问题、解决问题的舞台，教学的重心从教师整体性的讲授转变为学生个性化的学习，学生的主动性被充分激发，这需要教师精心安排课上活动，在生生合作探究、讨论互动以及教师点拨、师生碰撞的过程中，迸出智慧的火花，诞生全新的思考，使学生在前期学习成果的基础上得到提升和发展。教学活动结束后，学生提交的作品将继续保存在教学辅助平台中，为教学的延续性提供了技术支持。利用 ITtools3.0 平台的评价功能，学生可通过自评、生生互评、教师评价更好地激发学习激情。

（二）把握教师角色的转变

翻转课堂通过教师的引导和答疑来检查学生学习的效果，教师的角色不是被淡化了，而是在解疑化难能力上有所加强。教师要能够通过设问、通过学生之间的讨论以及完成作业的情况来分析把握学生的学习效果。相较于传统教学模式，虽然翻转课堂将教师从知识讲授中解放出来了，但同时对教师提出了更大的挑战，教师从主动变为被动，从主导变为引导。因此，教师要不断提升自身职业素质，积极参与教学科研，不断深化明确翻转课堂的内在理论，探索出本土化翻转课堂的途径。

（三）突出学生的主体性和主动性

泰戈尔说："不要用自己的学识限制孩子，因为他出生在与你不同的时代。"习惯于传统教学中学生被动地接受知识，教师往往担心学生课前自学不透彻、应付了事，刚开始实施的翻转课堂通常夹带着教师大量的讲授，学生的个性化问题则被弱化。所以，翻转课堂教学要更加突出学生学习的主体性和主动性。只有充分让学生主动操作和主动思考的课堂，才是真正的翻转课堂。在实际教学中，难免有部分学生的自觉学习习惯和能力有所欠缺，影响了课前预习（看微课）的效果，学习不够深入，且不善于提问，主动性不强，因此，教师要善于借助 ITtools3.0 平台，重视学生易犯的一般性错误，让学生发现问题，互纠互改，从而提高整体认识。

三、突出语文课特点

新的《课程标准》对语文课程的性质做了以下描述：语文是最重要的交际工具，是人类文化的重要组成部分。工具性与人文性的统一，是语文课程的基本特点。就工具性而言，语文课务必教会学生识记、积累和学习应用一定的语言词汇、语法句法、修辞章句，学习和掌握阅读的思维方法和写作的思维技巧；就人文性而言，语文课要帮助学生获得更丰富的审美体验，提升和发展审美素养，从而传承民族文化，加深民族情感，增强民族自信。

语文翻转课堂必须遵循语文课的教学特点。除了强调让学生在课堂上交流讨论活跃起来之外，语文课堂还有一个不容忽视的环节——诵读。学生的学习过程是对语言反复探究、品味、使用的过程。教师要调动学生动脑、动情，更加准确地理解语言文字中蕴含的情感。ITtools3.0 平台提供了学生作品的分类上传管理功能，学生可在课前自觉诵读，再提交诵读作品。课堂上，教师可以根据作品的性质和教学需求，让学生在学生互评界面进行浏览、互评、再读、再评，在有限的课堂时间内，扎实有效地开展诵读教学。

四、参考文献

[1] 钟晓流，宋述强，焦丽珍 . 信息化环境中基于翻转课堂理念的教学设计研究 [J]. 开放教育研究，2013（1）：58-64.

[2] 宋喆. 浅谈翻转课堂与语文教学 [J]. 中外交流，2017（15）：113.

[3] 梁平忠. 浅谈基于 ITtools 平台的教学过程模式应用 [J]. 中学课程辅导·教师教育（中），2019（3）：267-268.

第四篇
ITtools3.0 平台下融合学生、学校和家长有效沟通

阳江市江城第一小学　　张靖偲

【摘要】在信息化时代，学校需要与家长携起手来，形成合力，齐抓共管，充分发挥各自的教育作用。目前，教师和学校如何与家长进行更有效的沟通，共促孩子健康成长，已成为一个至关重要的课题。要实现教师、学校与家长的有效沟通，除了一些基本法则外，还需要借助一些平台、媒介来拉近彼此之间的距离。

【关键词】学生；教师；家长；有效沟通；ITtools3.0 平台

一、家庭教育与学校教育相互融合的重要性

社会教育、学校教育、家庭教育是我们国民教育体系的三大教育支柱。家长是最有条件因材施教的，因而家庭教育是三大支柱中最温馨的，最能造就一个个各具特色的个体。经调查，许多家庭的家庭教育缺乏科学的指导、法律的规范、现代技术的支持，仍然处于自然原始状态，这导致这些家庭一直在教育误区中徘徊，有的忽视了家庭教育的首要使命，忽视了孩子的基础道德教育，只注重智力开发、文化的学习；有的对孩子在学校的表现了解得很片面，在教育上缺乏指引；有的家长个人能力有限，在遇到教育问题时不懂得解决，等等，这些都造成家庭教育不能有效地、持续健康地发展。在培养和教育孩子的过程中，孩子会有几任老师，但第一任往往就是家长。孩子到了学校之后，教育的接力棒自然就交给了老师。家长和老师将共同完成教

育孩子的过程，因此家校沟通是必不可少的。

王雷辉撰写的《浅谈小学学校教育与家庭教育的有效结合》中提出："家长与子女能平等地交流沟通，能倾听孩子的意见和想法，子女在学习生活中提出的要求，家长能做出正确的评价和分析，从而引导孩子往合理的方面发展。"同时，该文写道："家庭是孩子的天然学校，孩子极易受家庭的影响。离开了良好的家庭教育，孩子在学校里受到的教育，到了家庭可能就'一笔勾销'。要使学校教育达到预期的目的，只有加强家庭和学校的联系，积极争取家长的理解、关心、配合和支持，使家庭和学校形成一股教育合力，才能提高教学质量，达到教育的目的。"可见，家庭对孩子的影响巨大，家庭教育与学校的教育相结合非常重要。要实现教师与家长的有效沟通，除了一些基本法则外，还需要借助一些平台作为桥梁来拉近学生、学校与家长之间的距离，以达到学生、学校、家长三位一体有机融合的目的，ITtools3.0 平台则为我们提供了硬件保证。

二、ITtools3.0 平台的作用与影响

目前，教学辅助平台有很多，而 ITtools3.0 教学辅助平台的共享资源、师生答疑、优秀作品展示、作品互评等功能，比其他教学辅助平台更加成熟、方便，更能满足教师、家长和学生的需求。总结为以下两点。

（一）ITtools3.0 平台对教师备课、上课和学生学习起到更加实用的辅助作用

应用 ITtools3.0 教学辅助平台后，教师之间的课件、备课资料可以实现资源共享，相互下载、相互学习、相互提高。教师上课时不再对学生一一点名就可以一目了然。不仅如此，ITtools3.0 平台还解决了教师课后花大量时间批改作业的困难，并且教师对全班学生学习的整体情况可以有详细把握，能够精确把握教学进度，实现师生结对互助，等等，平台的多项功能可以轻松实现教育面向全体学生的教学理念。

（二）ITtools3.0 平台方便教师、学生、家长交流与监督

ITtools3.0 平台可以让家长通过数据系统全面了解孩子的学习情况，达到更好的教育效果。同时，它可以让学生、家长与教师的沟通不受时间和地点

的限制，当学生、家长遇到教育问题后，可以很容易在平台上找到教师进行沟通，并获得帮助。

（三）ITtools3.0 平台使教学更好地实现素质教育的目标

ITtools3.0 平台能提高学生的自主学习，学生、教师、家长的有效沟通能促进学生的心理健康，平台的合作功能、互助功能培养了学生的团队协作、互助等意识。ITtools3.0 平台能使教学更好地实现素质教育的目标。

三、融合学生、学校、家长的有效沟通

家校合作是当今教育的潮流。如何促进家校融合，共同实现对学生的全面教育呢？我们可以通过 ITtools3.0 平台，促进师生交流、生生交流，提高教学效率，让家长全面了解孩子的情况，真正达到学生、学校和家长之间的有效沟通。

（一）学校进行家庭教育指导，提高家长素质，促进家校教育融合

学校可以运用 ITtools3.0 平台的"共享资源"功能把家庭教育讲座视频、文章等上传至平台，家长只要打开共享资源，就可以不受时间和地点的限制，随时观看教育视频和文章，也可以反复学习，以不断提高自身素养和教育子女的能力。

学生在学习过程中遇到难题，家长也无法提供帮助时，学生和家长可以在 ITtools3.0 教学辅助平台"师生答疑"模块中提出问题，教师、同学、家长都可以提供帮助，通过平台"师生答疑"功能解答学生、家长的疑难问题，促进师生互动、家校的学习交流。

（二）教师精确掌握学生的学习情况，为家校有效沟通打下基础

ITtools3.0 教学辅助平台"当前课程"具有"座位表"功能，上课前学生会自行签到，教师就可以知道缺席学生的名单，这种省时高效的课堂点名方式方便教师精准了解全班学生的出勤情况，为教师的教学、学生的安全提供保障。教师还可以利用平台进行学情监控。在每个班级里都会存在学情的差异，有些学生对于教师布置的任务可以快速完成，有些学生速度较慢些且可能遇到困难，这时教师通过学生提交的作业页面配合"座位表"定位显示功能可以快速定位在学习上遇到困难的学生，从而采取有效方法为其提供帮助。

学生在 ITtools3.0 教学辅助平台完成课堂作业、课后作业后，平台会及时给全班学生做出评价与综合分析，帮助教师分析全班学生完成这次作业的情况，教师根据这些信息就可以做出科学的教学判断及决策因材施教。

另外，ITtools3.0 教学辅助平台"学生互评""作品循环展播"模块中，学生之间可以进行互评，还能看到老师和同学对自己作品的评价，这样相互学习、相互鼓励的评价活动，可以让教师、学生更了解本节课的学习状态，在互评中也加深了师生之间的感情。

（三）家长了解孩子在校的学习情况，进行监督教育，促进家校合作

家长只要打开手机进入 ITtools3.0 教学辅助平台"学习记录"模块，就可以了解每位教师每节课的课程主题、时间、学生座位、签到、成绩、教师评语，还可以了解学生个人及集体的上课、完成作业及成绩分析的详细信息等，这可以帮助家长了解学生上课、学习的情况，便于更好地教育孩子。

同时，教师可以把优秀作业放到 ITtools3.0 教学辅助平台"精华作业展示"模块中，供学生及家长相互学习借鉴，或了解作业的质量情况，也能让家长了解孩子的学习情况，让学生吸取别人的优点，发现自身问题并进行改善。

四、结论

家庭是一个人接受人生教育的第一堂课，学校加强与家长的沟通，不仅对学校的教育有着重要的帮助，也是培养学生身心健康的重要途径。ITtools3.0 教学辅助平台作为一种新型的现代化教学模式，为师生与家长提供了资源共享，学生的学习动态等信息的保存、师生答疑、优秀作品展示、师生互评等服务，可以让家长不受时间和地点的限制，在线上就可以全面了解学生的学习情况，还能随时就教育子女时遇到的困难与教师进行沟通。家长还可以随时上线，观看视频和教育文章，提高自身素养。ITtools3.0 教学辅助平台是教师、学生、家长进行有效沟通的平台，真正实现了促进孩子健康成长的目的。

五、参考文献

王雷辉 . 浅谈小学学校教育与家庭教育的有效结合 [J] 师道：教研，2014（6）：92-93.

第五篇
ITtools3.0 平台下低年级游戏化数学教学实践与思考

阳江市江城第一小学　关美丽

【摘要】当今教育发生了新一轮的变革，信息技术应顺从时代的需求。低年级小学生有一颗好奇的心，喜欢游戏，喜欢新鲜的事物。信息化教学可以满足低年级小学生这一需求。ITtools3.0 是一种利用互联网教学的辅助平台，在课堂上可以进行"在线抢答""作品互评""师生答疑"等操作，能激发学生的学习兴趣，让教师教学更轻松，让学生学习更快乐，从而使教学效率更高，这更符合学生的心理特点，更能激发学生的创新思维，为小学数学课堂教学注入新鲜的血液。

【关键词】信息技术；ITtools3.0 平台；游戏化数学教学

ITtools3.0 教学辅助平台通过"电子备课""课堂测试""教学测验""学生互评"等功能为课堂教学提供了强有力的技术支持。运用 ITtools3.0 平台，教师可以重新调配课堂内外的时间，使学生成为学习的主体。教师还可以通过平台发布课外延伸作业，以开阔学生视野，发散学生数学思维，提高学生的学习兴趣。学生可以观看视频自主学习，参与同学间的讨论。教师有更多的时间关注后进生，采用导学的形式解决学生的需求，实现学生的个性化学习。

ITtools3.0 教学辅助平台为师生课前、课堂、课后教学与互动等提供交流与支持，教师实时进行统计和科学分析，了解学生的情况，调整教学策略与节奏，做到因材施教，为学生提供针对性服务。传统的教学吸引不了学生注意力，使学生的求知欲减弱。ITtools3.0 教学辅助平台能满足课堂"在线抢答""课堂测试""学生互评"等多种教学要求，更容易吸引低年级小学生注意力，使教学更有针对性。

一、激发学生的自信心

自信心是一个人成功的基石。小学生有一颗好奇的心，求知欲望比较强，他们希望进步，希望得到老师的肯定和同学的认可。教师创造激励机会鼓励学生，进行恰到好处的评价，可以让学生体验成功的喜悦，使学生之间互相交流，互相学习，提高学生的自信心。通过作品展示、自评、学生互评，树立榜样，让先进生激励后进生，取长补短，共同进步，更符合新课标的教育理念。

如在学习《欣赏与设计》一课时，让学生独立创作，设计有规律的图案。学生使用学习终端与 ITtools3.0 教学辅助平台互联互通，在创作设计平面图形时，可以使用复制、粘贴等功能进行设计，在教师的指引下完成作品，再向 ITtools3.0 教学辅助平台提交。另外，学生还可以在"作品循环播放"中欣赏其他同学的作品，做出评价，还可以写上评论。同时，学生可以看到同学与老师对自己作品的评价，教师也可以把优秀作品推送到"精华作业"模块进行展示，供学生欣赏与借鉴，家长也可以通过平台了解孩子的学习情况。所以，ITtools3.0 教学辅助平台为家长、教师、学生更好地沟通交流创造了条件。

研究表明，一个人经过努力完成一件事情，会激发其自主探究的力量与勇气，使其更加自信。ITtools3.0 教学辅助平台的"在线抢答""学生互评"等多种教学活动，更容易吸引低年级小学生的注意力，激发其兴趣与潜能，增加学生的自信心，从而达到预期的教学效果。

二、提高学习的积极性

课堂教学生动有趣，充满活力、充满挑战性的学习方式，更能调动小孩子学习数学的兴趣。ITtools3.0 教学辅助平台带给学生新的体验，使学习不再单一，让学生学得愉快，提高了学生学习的积极性。

在教学二年级数学《图形的变化》时，教师在"玩一玩，做一做"里加入了华容道游戏，让学生认识平移的现象。华容道游戏是一种典型的古老的益智游戏，该游戏变化多端，让人百玩不厌。教师将华容道制作成微课介绍其故事梗概：曹操兵败走华容，与关公狭路相逢，只为当初恩义重，关公放走了曹操。在这一游戏中，人物只能纵向或者横向移动。教师一边操作演示，一边讲解方法："曹操先向下走一格，把赵云向左走一格，把兵向上走两格，把关羽向上走两格，把曹操向下走一格，把曹操向左走一格……"演示后，教师推送《华容道游戏》至平台，让学生用不同的方法帮助曹操走出华容道。学生在游戏中非常投入，如果遇到困难或者失败，还可以通过微课循环播放，自主寻找解决问题的方法，教师同时进行个别辅导，小组同学也可以互相帮助。学生在游戏中认识了平移现象，培养了学生的思考能力，提高了学习数学的兴趣。

借助 ITtools3.0 教学辅助平台创设情境，可以让教学的重点呈现在学生面前，实现即兴教学，将新的教学元素融入数学教学中，使学生更专注于数学学习。

信息技术快速发展，使教学手段更加丰富，在数学教学中应用 ITtools3.0 教学辅助平台，可以提高学生学习乐趣，让学生主动地参与，让学习充满趣味性和挑战性。

三、利用现代设备，个性化教学

在互联网普及的今天，越来越多的教师勇于大胆探索和改革教学模式，积极引进先进的现代化教育模式，科学利用现代设备，活跃学生的思维，积极探索适合学生自主探究学习、实现学生个性化学习的教学模式。

如教学《有余数除法》时，让学生快速掌握计算方法，提高计算速度是本节课的重点，也是教学难点。如果学生遇到学习上的困难，教师可以启用 ITtools3.0 教学辅助平台，系统推送第一层次学习内容的微课，以游戏形式进行练习，同时启用平台"循环播放"功能，学生对照微课来操作学习，从而加深对知识的理解。学生还可以多次循环播放，反复观看，这极大地吸引了学生的兴趣。个性化教学在传统教学中难以实现，而运用现代设备以分层学习资源支持个性化学习，已成为当今教育改革的潮流。

四、小组合作，提高效率

高效的课堂教学，将给教师留出更多时间用以更出色地完成教学任务。

为了巩固学生的计算能力，加快学生的计算速度，教师常常进行一系列课堂检测，如果教师出一道道数学算式题让学生做，学生的积极性不高，特别对于计算能力较弱的学生，会严重影响他们的学习积极性。

针对低年级学生好胜心强的特点，教师应将巩固测试以挑战的方式进行，教师通过平台了解学情，学生测试后提交，教师根据页面信息可以快速了解学生的完成情况，配合座位表快速找到遇到困难的学生并对其进行帮助。当学生遇到困难需要帮助时，学生点击"帮助"后，系统页面显示帮助需求的信息，其他学生可以主动帮助，解答台自动显示学生的互助信息。同时，教师开启实时自动批改，统计成绩，大大节约了教师的工作时间，提高了教学效率。

学生完成测试任务后，教师能及时统计，及时了解学生的口算能力情况，知道哪些学生计算能力比较薄弱，哪些学生掌握得比较好，面向全体学生，有针对性地进行因材施教。

在ITtools3.0平台下进行游戏化数学教学，可以使课堂教学形式更加丰富，解决了很多教学难题，给小学数学课堂带来活力。当然，不是所有的教学内容都适合游戏化教学，在教学过程中，教师要根据课程内容区别对待，同时设计不同层次的内容，以适应不同层次学生的需求。

"翻转课堂"对教学进行了重构，以适应当今社会课改的潮流，"翻转课堂"与信息技术教学深度融合，使课程教学改革向纵深的方向发展，让教师教学更具针对性，使教学更加高效，为学生打造出更高效率的魅力数学课堂。

五、参考文献

[1] 李清缘，罗蔚榕，陈静. 华容道上的药草——植物科普认知融入儿童寓教于乐 [D]. 园林, 2018.

[2] 文洪全. 信息技术课程教学的 ITtools3.0 辅助平台 [J]. 新课程, 2013（7）: 96-97.

[3] 郭泳川. 基于网络平台的信息技术教与学模式研究与实践——浅谈信息技术教学辅助平台的应用 [J]. 中国电化教育, 2015（Z）: 223-224, 251.

第四章

《ITtools3.0 平台下小学学科教学方式创新研究》调研计划

　　调查研究，可以有效了解被研究对象及研究主题的相应状况，根据所获取的调查数据进行分析，可以为课题研究提供明确清晰的研究思路。为了给本课题研究提供科学的决策依据，明确课题成员的职责和分工，加强协作，特撰写此调研计划。

一、调研背景

　　ITtools3.0 平台能有效解决小学学科教学过程中遇到的困难，通过电子备课、课堂签到、课堂测验、学习互助、作品展示、精华作品展示、作品互评、教学测验、查漏补缺课、师生答疑、复习与分析等模块给课堂提供全面的技术支持，让教师从繁重的备课、批改、成绩分析中解脱出来，有更多的时间和精力研究教学。教师用 ITtools3.0 平台给学生布置作业，可以开阔学生视野，发散学生思维，提高学生的学习兴趣。家长通过 ITtools3.0 平台可以更详细、更全面地了解孩子的学习情况，方便教师、学生、家长交流与监督，达到更好的教育效果。本课题立足于转变传统单一、机械灌输的教学方式，建立新型的教学方式，促使小学学科课堂教学方式研究重心转移，更好地激发学生的学习兴趣，使课堂教学活动多样化、趣味化，提高教学效率，提高学生的学习兴趣和终身学习的能力。

　　为了帮助教师、学生、家长充分地了解 ITtools3.0 平台，课题组拟进行一次专项调查，为课题研究提供科学依据。

二、调研目的

1.帮助教师、学生、家长了解 ITtools3.0 平台教与学的功能。

2.调查教师、学生、家长对 ITtools3.0 平台教与学效果的接受程度。

3.通过调查研究，进一步改进和完善 ITtools3.0 平台，使其更好地为教师、学生、家长服务。

三、调研对象

阳江市江城第一小学在职教师、在校学生及在读学生的家长。

四、调研内容

1.帮助教师、学生、家长了解 ITtools3.0 平台教与学的功能。

对 ITtools3.0 教学辅助平台电子备课、课堂签到、课堂测验、学习互助、作品展示、精华作品展示、作品互评、教学测验、查漏补缺课、师生答疑、复习与分析等模块功能进行介绍，让教师、学生、家长进一步了解该平台。

2.调查教师、学生、家长对 ITtools3.0 平台教与学效果的接受程度。

了解在利用 ITtools3.0 教学辅助平台进行教学时影响学习的因素，让教师、学生、家长做出评判。

3.通过调查研究，进一步改进和完善 ITtools3.0 教学辅助平台，使其更好地为教师、学生、家长服务。

征求教师、学生、家长对利用 ITtools3.0 教学辅助平台进行教学的意见和建议。

五、调研方法

1.数据收集方法

采用结构性问卷进行抽样调查，问卷长度控制在 15 分钟以内。

全校从三年级和六年级各抽取一个班的学生、家长进行问卷调查，抽 32 位主科教师和 8 位科任教师进行问卷调查。

2.本次研究需要的样本量为 240 个

3.质量控制与复核

本次问卷访问复核率为 100%。

一份问卷作弊（有选项没有回答），该份问卷作废。

六、调研实施

调查分为三个阶段：前期准备、中期调查、后期分析。

（一）前期准备

这一阶段分为三个部分，即问卷设计、访谈准备和人员具体分工。

（1）在调查主题、确定目的的基础上，从期刊、书籍和网络上搜集与 ITtools3.0 教学辅助平台教与学功能相关的资料，从技术和实际出发，调查教师、学生、家长对 ITtools3.0 平台教与学效果的接受程度和需求意向。课题组共抽取两个教学班的学生（100 人）和家长（100 人），32 位主科教师和 8 位科任教师进行问卷调查。问卷总数为 240 份。

（2）确定调查教师（课题成员外）、学生、家长的时间安排。

（3）制作、打印 240 份问卷。

（二）中期调查

通过前期准备，在早读前 15 分钟的时间里，课题组分别随机抽取三年级和六年级各一个班的学生进行问卷调查；在开家长会时提前 20 分钟，在三年级、六年级随机抽取两个班的家长进行问卷调查；随机抽取 32 位主科教师（一至六年级语文、数学教师共 32 位教师）和 8 位科任教师（品德与社会、信息技术、音乐、美术各 2 位，课题组教师除外）进行问卷调查，问卷采用不记名方式进行。调查结束后将问卷回收整理，对 240 份问卷进行编号，为后期数据处理做准备。

（三）后期分析

1.数据分析

（1）对问卷进行复查审核，确保每份要进行数据录入分析的调查问卷真实有效。复核比例 100%。

（2）将已经编号的问卷进行数据录入，进行数据处理、统计、比较、分析，从而提出科学设想和预测。

2.报告撰写

（1）分析数据，完善由此得出的结论。

（2）将分析结果和资料分类汇总。

（3）撰写调研报告。

七、质量控制

1.为保证调查问卷的质量，问卷设计必须符合调查要求，本次调查采用不记名方式答卷。

2.从三年级和六年级随机各抽取一个班的学生进行问卷调查，抽取 32 位主科教师（一至六年级语文、数学共 32 位教师）和 8 位科任教师（品德与社会、信息技术、音乐、美术各 2 位）进行问卷调查。

3.被调查者在同一时段进行答卷。

4.对已经收回的问卷进行登记及编码。

5.对问卷进行复查审核，复核比例 100%，一份问卷作弊（有选项没有回答），该份问卷作废。

经过问卷调查前中后期的控制，把控问卷的质量、调查过程、问卷回收及录入分析，保证调查问卷采集的数据信息的效度，从而保证调查结果的信度。

八、日程安排

按调研的实施步骤、时间进行具体安排。

（2017 年 4 月至 2017 年 5 月）制订调研计划，设计问卷；

（2017 年 5 月至 2017 年 6 月上旬）调整调研计划，修改完善问卷；

（2017 年 6 月中旬）项目准备，包括问卷印刷、人员安排；

（2017 年 6 月至 2017 年 7 月上旬）实地调查，数据预处理（编码、输入）；

（2017 年 7 月）数据统计、分析；

（2017 年 8 月至 2017 年 9 月上旬）撰写调研报告。

九、调研预算

在进行经费预算时，应考虑以下几个方面：

（1）总体方案策划（免费）；

（2）实验方案设计（免费）；

（3）调查问卷设计（免费）；

（4）调查问卷印刷（20元）；

（5）调查实施（免费）；

（6）数据录入（包括编码、录入、查错等，免费）；

（7）数据统计分析（包括上机、统计、制表等，免费）；

（8）调研报告撰写（免费）；

（9）资料费、复印费、通信联络等（10元）。

共计30元。

第五章

课题调查问卷

一、关于ITtools3.0教学辅助平台使用情况的教师调查问卷

各位老师:

你们好,这是一份关于ITtools3.0教学辅助平台(坚持一贯免费)使用情况的调查问卷。制订本问卷是为了帮助教师了解ITtools3.0平台教与学的功能,调查教师对ITtools3.0平台教与学效果的接受程度,以便进一步改进和完善ITtools3.0平台,让教师、学生、家长使用更放心。请您按照参与教学活动的实际情况填写。本问卷纯为学术研究之用,采用不记名方式,请放心填写。感谢您的热心参与!

您的年龄　岁　　（主科/科任）老师

1.ITtools3.0教学辅助平台"当前课程"具有"座位表"功能,上课前学生会自行签到,教师可以及时知道缺席学生的名单,您会（　　）这种省时高效的课堂点名方式。

A.非常期待　B.很期待　C.一般期待　D.偶尔期待　E.从不期待

2.ITtools3.0平台能自动帮助教师批改、分析学生的课堂测试、课堂作业、课后作业、操作题作业等,汇总出学生学习情况的单项分析和综合分析等,为教师的教学决策和因材施教提供科学依据,您会（　　）将这一功能应用于实际教学中。

A.非常期待　B.很期待　C.一般期待　D.偶尔期待　E.从不期待

3.ITtools3.0教学辅助平台可以实行课程资源(微课、教学设计、课件、课例等)共享,每人共享自己的精品课程资源,教师就会省出时间研发出更

93

多的精品课程资源，提升自身的教学水平、教学能力，您会（　　　）更多的精品课程资源。

A. 非常期待　B. 很期待　C. 一般期待　D. 偶尔期待　E. 从不期待

4. 您会（　　　）进入ITtools3.0教学辅助平台，以了解学生个人及集体的上课、完成作业及成绩分析的详细信息。

A. 非常期待　B. 很期待　C. 一般期待　D. 偶尔期待　E. 从不期待

5. 学生用电脑（或平板电脑）在学校上课，或在家里完成网上作业，您会（　　　）学生使用电脑（或平板电脑）只能登录ITtools3.0教学辅助平台或指定的健康网站。

A. 非常期待　B. 很期待　C. 一般期待　D. 偶尔期待　E. 从不期待

6. 如果学生在ITtools3.0教学辅助平台完成课堂作业、课后作业等，平台会及时给全班学生做出评价及综合分析，并会帮您"查漏补缺"，汇总全班的学习情况，您会（　　　）这些信息。

A. 非常期待　B. 很期待　C. 一般期待　D. 偶尔期待　E. 从不期待

7. 您会（　　　）把优秀作业放到ITtools3.0教学辅助平台"精华作业展示"模块中，供学生及家长相互学习借鉴，了解作业质量情况，便于家长监督教育学生。

A. 非常期待　B. 很期待　C. 一般期待　D. 偶尔期待　E. 从不期待

8. 您会（　　　）ITtools3.0教学辅助平台"学习记录"功能会记录学生的上课情况，如每位教师每节课的课程主题、时间、学生座位、签到、成绩及教师评语等，帮助教师了解学生上课、学习的情况。对这一功能，您会（　　　）。

A. 非常期待　B. 很期待　C. 一般期待　D. 偶尔期待　E. 从不期待

9. ITtools3.0教学辅助平台"当前课堂"提供了教学资源（微课、课件等）和学习测试题（平台自动测评），您会（　　　）平台能及时反馈学生学习情况。

A. 非常期待　B. 很期待　C. 一般期待　D. 偶尔期待　E. 从不期待

10. 学生在学习过程中遇到难题，家长也无法提供帮助时，可以在ITtools3.0教学辅助平台"师生答疑"模块中提出问题，向教师求助。您会（　　　）能通过平台解答学生的问题。

A. 非常期待　B. 很期待　C. 一般期待　D. 偶尔期待　E. 从不期待

11. 您会在（　　）ITtools3.0 教学辅助平台"课后阅读资料"模块中给学有余力的学生布置课外延伸作业，以开阔学生的视野，发散学生的思维，提高学生的学习兴趣。

A. 非常期待　B. 很期待　C. 一般期待　D. 偶尔期待　E. 从不期待

12. 在 ITtools3.0 教学辅助平台"操作题作业"模块中，教师可提供数学拼图、美术贴纸、信息技术的实践操作等资源，您会（　　）学生能在家里进行实践操作或实验活动，提高操作能力。

A. 非常期待　B. 很期待　C. 一般期待　D. 偶尔期待　E. 从不期待

13. 在 ITtools3.0 教学辅助平台"学生互评""作品循环展播"模块中，学生可以自评作品，也可以评价别人的作品，还可以看到老师和同学对自己作品的评价，您会（　　）这样相互学习、相互鼓励的评价活动。

A. 非常期待　B. 很期待　C. 一般期待　D. 偶尔期待　E. 从不期待

14. 应用 ITtools3.0 教学辅助平台进行教学方式创新，可以转变传统讲授单一、机械灌输的教学方式，您会（　　）利用 ITtools3.0 教学辅助平台进行教学方式创新，提高学生的自主学习能力。

A. 非常期待　B. 很期待　C. 一般期待　D. 偶尔期待　E. 从不期待

15. 如果随时随地可以了解学生详细的学习情况，您会（　　）进入 ITtools3.0 教学辅助平台查看。

A. 非常期待　B. 很期待　C. 一般期待　D. 偶尔期待　E. 从不期待

16. 学校配置了 1000 兆光纤专线校园网络，配备了高配置的服务器免费供全校师生使用 ITtools3.0 教学辅助平台，学习比较流畅，没有卡顿现象，您会（　　）这种流畅的网络技术教学。

A. 非常期待　B. 很期待　C. 一般期待　D. 偶尔期待　E. 从不期待

17. 考虑学生的学习成绩及教学效果，您会（　　）应用 ITtools3.0 教学辅助平台进行教学。

A. 非常期待　B. 很期待　C. 一般期待　D. 偶尔期待　E. 从不期待

18. 如果学校应用 ITtools3.0 教学辅助平台进行教学，您会（　　　）学生使用绿色健康的电子产品。您对预防学生近视有什么好的建议？

_____

_____

A. 非常期待　B. 很期待　C. 一般期待　D. 偶尔期待　E. 从不期待

19. 如果上面这些功能全部实现，并达到很好的教学效果，您会（　　　）学校应用 ITtools3.0 教学辅助平台进行教学。

A. 非常期待　B. 很期待　C. 一般期待　D. 偶尔期待　E. 从不期待

二、关于 ITtools3.0 教学辅助平台使用情况的学生家长调查问卷

各位家长：

你们好，这是一份关于 ITtools3.0 教学辅助平台（坚持一贯免费）使用情况的调查问卷。制订本问卷是为了帮助家长了解 ITtools3.0 平台教与学的功能，调查家长对 ITtools3.0 平台教与学效果的接受程度，以便进一步改进和完善 ITtools3.0 平台，让教师、学生、家长使用更放心。请您按照您的孩子参与学习活动的实际情况填写即可。本问卷纯为学术研究之用，采用不记名方式，请放心填写。感谢您的热心参与！

您的年龄　　岁

1. 如果登录 ITtools3.0 教学辅助平台，就可以了解您的孩子的上课情况，是否完成作业，老师、同学对您的孩子的评价怎样，您会（　　　）了解孩子这些学习情况。

A. 非常期待　B. 很期待　C. 一般期待　D. 偶尔期待　E. 从不期待

2. 如果您的孩子在 ITtools3.0 教学辅助平台上完成的课堂作业、课后作业等，平台会及时给您的孩子做出评价，并会帮他（她）"查漏补缺"，汇总错误，您会（　　　）进入平台跟踪了解孩子的学习情况。

A. 非常期待　B. 很期待　C. 一般期待　D. 偶尔期待　E. 从不期待

3. 教师把优秀作业放到 ITtools3.0 教学辅助平台"精华作业展示"模块中供学生相互学习借鉴，您会（　　　）了解作业的质量情况。

A. 非常期待　B. 很期待　C. 一般期待　D. 偶尔期待　E. 从不期待

4. ITtools3.0 教学辅助平台"学习记录"模块中记录了学生的上课情况：每位教师每节课的课程主题、时间、座位、签到、成绩和教师评语等。您会（　　）了解孩子在学校的这些信息，以便于更好地与孩子进行沟通。

A. 非常期待　B. 很期待　C. 一般期待　D. 偶尔期待　E. 从不期待

5. 教师在 ITtools3.0 教学辅助平台"当前课堂"模块中提供了大量教学资源（微课、课件等）和学习测试（平台自动测评），便于教师分析全班学生学习的情况，实行因材施教，您会（　　）这样的教学活动，配合教师的工作。

A. 非常期待　B. 很期待　C. 一般期待　D. 偶尔期待　E. 从不期待

6. 孩子在学习过程中遇到了难题，家长也无法提供帮助时，您会（　　）考虑到 ITtools3.0 教学辅助平台"师生答疑"中向教师、同学求助。

A. 非常期待　B. 很期待　C. 一般期待　D. 偶尔期待　E. 从不期待

7. 教师会在 ITtools3.0 教学辅助平台"课后阅读资料"模块中布置一些课外延伸作业，您会（　　）孩子参与。

A. 非常期待　B. 很期待　C. 一般期待　D. 偶尔期待　E. 从不期待

8. 您会（　　）孩子在学校、家里使用的电脑（或平板电脑）只能进入 ITtools3.0 教学辅助平台或浏览健康的网站。

A. 非常期待　B. 很期待　C. 一般期待　D. 偶尔期待　E. 从不期待

9. 在 ITtools3.0 教学辅助平台"操作题作业"模块中，教师会提供大量数学拼图、美术贴纸、信息技术的实践操作等资源，您会（　　）孩子能在家里进行实践操作或实验活动，提高操作能力。

A. 非常期待　B. 很期待　C. 一般期待　D. 偶尔期待　E. 从不期待

10. ITtools3.0 教学辅助平台"学生互评""作品循环展播"模块中，学生可以自评作品，也可以评价同学的作品，还可以看到老师和同学对自己作品的评价，您会（　　）这样相互学习、相互鼓励的评价活动。

A. 非常期待　B. 很期待　C. 一般期待　D. 偶尔期待　E. 从不期待

11. 应用 ITtools3.0 教学辅助平台进行教学方式创新，可以转变传统讲授单一、机械灌输的教学方式，您会（　　）ITtools3.0 教学辅助平台进行教学方式创新，提高孩子的自主学习能力。

A. 非常期待　B. 很期待　C. 一般期待　D. 偶尔期待　E. 从不期待

12. 如果您随时随地可以了解孩子详细的学习情况，您会（　　　）进入 ITtools3.0 教学辅助平台查看。

A. 非常期待　B. 很期待　C. 一般期待　D. 偶尔期待　E. 从不期待

13. 学校配置了 1000 兆光纤专线校园网络，配备了高配置的服务器免费供全校师生使用 ITtools3.0 教学辅助平台，进入 ITtools3.0 教学辅助平台教学、学习都比较流畅，没有卡顿现象，您会（　　　）这种流畅的网络技术教学。

A. 非常期待　B. 很期待　C. 一般期待　D. 偶尔期待　E. 从不期待

14. 如果学校教师应用 ITtools3.0 教学辅助平台进行教学，您会（　　　）孩子使用绿色健康的电子产品。您对预防孩子近视有什么好的建议？

_____

_____

A. 非常期待　B. 很期待　C. 一般期待　D. 偶尔期待　E. 从不期待

15. 如果上面这些功能全部实现，并达到很好的教学效果，您会（　　　）教师应用 ITtools3.0 教学辅助平台进行教学。

A. 非常期待　B. 很期待　C. 一般期待　D. 偶尔期待　E. 从不期待

三、关于 ITtools3.0 教学辅助平台使用情况的学生调查问卷

各位同学：

你们好，这是一份关于 ITtools3.0 教学辅助平台（坚持一贯免费）使用情况的调查问卷。制订本问卷是为了帮助同学们了解 ITtools3.0 平台教与学的功能，调查同学们对 ITtools3.0 平台教与学效果的接受程度，以便进一步改进和完善 ITtools3.0 平台，让教师、学生、家长使用更放心。请您按照参与学习活动的实际情况填写即可。本问卷纯为学术研究之用，采用不记名方式，请放心填写。感谢您的热心参与！

年级　　　　　　性别

1. 如果让您上网登录 ITtools3.0 教学辅助平台，进行自主学习，您会（　　　）。

A. 非常期待　B. 很期待　C. 一般期待　D. 偶尔期待　E. 从不期待

2. 如果只能使用电脑登录 ITtools3.0 教学辅助平台，或只能登录一些健康

网站，您会（　　　）。

　　A.非常期待　B.很期待　C.一般期待　D.偶尔期待　E.从不期待

　　3.ITtools3.0教学辅助平台的"当前课程"具有"座位表"功能，上课前可让学生自行签到，教师可以及时知道缺席学生的名单，您会（　　　）这种省时高效的课堂点名方式。

　　A.非常期待　B.很期待　C.一般期待　D.偶尔期待　E.从不期待

　　4.ITtools3.0平台能自动批改、分析学生的课堂测试、课堂作业、课后作业、课堂操作题作业等，当您完成作业，平台马上帮您查漏补缺，汇总出您的错误题数，为您的学习提供科学依据，您会（　　　）这种方式。

　　A.非常期待　B.很期待　C.一般期待　D.偶尔期待　E.从不期待

　　5.如果登录ITtools3.0教学辅助平台就可以了解自己的上课、作业成绩和老师、同学对自己的评价，您会（　　　）这样的功能。

　　A.非常期待　B.很期待　C.一般期待　D.偶尔期待　E.从不期待

　　6.教师把优秀作业放到ITtools3.0教学辅助平台"精华作业展示"模块中，供学生及家长互相学习借鉴。您会（　　　）这样的学习展示活动。

　　A.非常期待　B.很期待　C.一般期待　D.偶尔期待　E.从不期待

　　7.ITtools3.0教学辅助平台"学习记录"中记录了您的上课情况：每位教师每节课的课程主题、时间、座位、签到、成绩和老师、同学的评语等。您会（　　　）了解自己的上课学习情况。

　　A.非常期待　B.很期待　C.一般期待　D.偶尔期待　E.从不期待

　　8.教师在ITtools3.0教学辅助平台"当前课堂"中提供了大量教学资源(微课、课件等)和学习测试，平台能自动测评学生的学习情况，便于教师收集全班学生的情况，实行因材施教。您会（　　　）这样的教学活动。

　　A.非常期待　B.很期待　C.一般期待　D.偶尔期待　E.从不期待

　　9.您在学习过程中遇到了难题，家长也无法提供帮助时，您会（　　　）在ITtools3.0教学辅助平台"师生答疑"模块中提出问题，向老师求助。

　　A.非常期待　B.很期待　C.一般期待　D.偶尔期待　E.从不期待

　　10.教师在ITtools3.0教学辅助平台"课后阅读资料"模块中布置课外延伸作业，您会（　　　）课外延伸作业。

A. 非常期待　B. 很期待　C. 一般期待　D. 偶尔期待　E. 从不期待

11. 在 ITtools3.0 教学辅助平台"操作题作业"模块中，学生根据教师提供的学习资源在家里进行数学拼图、实验图构建、美术贴纸、信息技术等操作题，您会（　　　）这种学习方式。

A. 非常期待　B. 很期待　C. 一般期待　D. 偶尔期待　E. 从不期待

12. 在 ITtools3.0 教学辅助平台"学生互评""作品循环展播"模块中，学生可以自评自己的作品，也可以评价别人的作品，还可以看到老师和同学对自己作品的评价，您会（　　　）这种学习评价方式。

A. 非常期待　B. 很期待　C. 一般期待　D. 偶尔期待　E. 从不期待

13. 应用 ITtools3.0 教学辅助平台进行教学方式创新，可以转变传统讲授单一、机械灌输的教学方式，您会（　　　）提高自己的自主学习能力。

A. 非常期待　B. 很期待　C. 一般期待　D. 偶尔期待　E. 从不期待

14. 学校配置了 1000 兆光纤专线校园网络，配备了高配置的服务器免费供全校师生使用 ITtools3.0 教学辅助平台，进入 ITtools3.0 教学辅助平台教学、学习比较流畅，没有卡顿现象，您会（　　　）这种流畅的网络技术教学。

A. 非常期待　B. 很期待　C. 一般期待　D. 偶尔期待　E. 从不期待

15. 如果学校应用 ITtools3.0 教学辅助平台进行教学，您会（　　　）使用绿色健康的电子产品。您对减轻用眼疲劳，预防近视有什么好的建议？

_____

_____

A. 非常期待　B. 很期待　C. 一般期待　D. 偶尔期待　E. 从不期待

16. 如果上面这些问题能达到很好的教学效果，您会（　　　）教师应用 ITtools3.0 教学辅助平台进行教学。

A. 非常期待　B. 很期待　C. 一般期待　D. 偶尔期待　E. 从不期待

第六章

调查问卷的信度和效度分析报告

信度和效度分析是检验该问卷是否合格的标准之一，在形成正式问卷之前，应当对问卷进行测试，并对测试结果进行信度和效度分析，根据分析结果筛选问卷题项，调整问卷架构，从而提升问卷的信度和效度。只有问卷调查通过信度和效度的检验，才能确保问卷及研究成果有意义。

一、信度（可靠性）检验

信度（Reliability）即可靠性，它是指采用同样的方法对同一对象重复测量时所得结果的一致性程度。目前最常用的是 Alpha 信度系数，一般情况下我们主要考虑量表的内在信度——项目之间是否具有较高的内在一致性。

通常认为，信度系数应该在 0 ~ 1 之间，学者 DeVellis（1991）认为：

0.60 ~ 0.65（最好不要）；

0.65 ~ 0.70（最小可接受值）；

0.70 ~ 0.80（相当好）；

0.80 ~ 0.90（非常好）。

由此，一份信度系数好的量表或问卷，最好在 0.80 以上，0.70 至 0.80 之间还算是可以接受的范围；分量表最好在 0.70 以上，0.65 至 0.70 之间可以接受。

我们使用 SPSS 软件进行问卷分析，用 α 信度系数法对学生、家长、教师关于 ITtools3.0 教学辅助平台使用情况的三份调查问卷进行了信度（可靠性）检验，检验的结果如表 6–1、表 6–2、表 6–3 所示。

表 6-1 学生调查问卷信度（可靠性）检验表

学生调查问卷

案例处理汇总

		N	%
案例	有效	100	100.0
	已排除 [a]	0	0.0
	总计	100	100.0

表 2 可靠性统计量

onbach's Alpha	项数
0.989	15

a：在此程序中基于所有变量的列表方式删除。

表 6-2 家长调查问卷信度（可靠性）检验表

家长调查问卷

案例处理汇总

		N	%
案例	有效	100	100.0
	已排除 [a]	0	0.0
	总计	100	100.0

表 3 可靠性统计量

onbach's Alpha	项数
0.971	19

a：在此程序中基于所有变量的列表方式删除。

表 6-3 教师调查问卷信度（可靠性）检验表

教师调查问卷

案例处理汇总

		N	%
案例	有效	40	100.0
	已排除 [a]	0	0.0
	总计	40	100.0

表 1 可靠性统计量

onbach's Alpha	项数
0.991	16

a：在此程序中基于所有变量的列表方式删除。

从表 6-1、表 6-2、表 6-3 可以看出，三份调查问卷的 α 信度系数都在 0.9 以上，说明这三份调查问卷的信度（可靠性）非常好。

二、效度检验

效度（Validity）即有效性，它是指测量工具或手段能够准确测出所需测量的事物的程度。效度分为内容效度（Face Validity）、准则效度（Criterion Validity）和架构效度（Construct Validity）。我们采用架构效度进行检验，用因子分析对问卷的架构效度进行检验。由 SPSS 软件得出效度检验指标 KMO 适当性检验值，当 KMO 值愈大时，表示变项间的共同因子愈多，愈适合进行因子分析，根据学者 Kaiser（1974）的观点：

KMO 在 0.9 以上，非常适合做因子分析；

KMO 在 0.8 ～ 0.9 之间，很适合；

KMO 在 0.7 ～ 0.8 之间，适合；

KMO 在 0.6 ～ 0.7 之间，尚可；

KMO 在 0.5 ～ 0.6 之间，表示很差；

KMO 在 0.5 以下应该放弃。

从表 6-4、表 6-5、表 6-6 可以看出，三份调查问卷的 KMO 都在 0.798 ～ 0.918 之间，Sig=0.000，说明这三份调查问卷适合进行因子分析。

表 6-4　学生调查问卷
KMO 和 Bartlett 的检验

取样足够度的 Kaiser–Meyer–Olkin 度量		0.935
Bartlett 的球形度检验	近似卡方	3634.205
	df	120
	Sig.	0.000

表 6-5　家长调查问卷
KMO 和 Bartlett 的检验

取样足够度的 Kaiser–Meyer–Olkin 度量		0.917
Bartlett 的球形度检验	近似卡方	3254.726
	df	105
	Sig.	0.000

表6-6　老师调查问卷
KMO 和 Bartlett 的检验

取样足够度的 Kaiser-Meyer-Olkin 度量		0.798
Bartlett 的球形度检验	近似卡方	1442.827
	df	171
	Sig.	0.000

　　因子分析的主要功能是从量表全部变量（题项）中提取一些公因子，各公因子分别与某一群特定变量高度关联，这些公因子代表了量表的基本结构。通过因子分析可以考察问卷是否能够测量出研究者设计问卷时假设的某种结构。在因子分析的结果中，评价结构效度的主要指标是累积贡献率，累积贡献率反映公因子对量表或问卷累积的有效程度，如表6-7、表6-8、表6-9所示：

表6-7　学生调查问卷累积贡献率
解释的总方差

成分	初始特征值			提取平方和载入			旋转平方和载入		
	合计	方差(%)	累积(%)	合计	方差(%)	累积(%)	合计	方差(%)	累积(%)
1	14.204	88.775	88.775	14.204	88.775	88.775	7.613	47.581	47.581
2	0.532	3.326	92.100	0.532	3.326	92.100	7.123	44.519	92.100
3	0.330	2.061	94.162						
4	0.236	1.476	95.637						
5	0.151	0.942	96.580						
6	0.120	0.750	97.330						
7	0.099	0.617	97.947						
8	0.087	0.543	98.490						
9	0.066	0.414	98.904						
10	0.047	0.292	99.195						
11	0.040	0.248	99.443						
12	0.034	0.211	99.654						
13	0.021	0.134	99.788						
14	0.016	0.101	99.889						
15	0.011	0.066	99.955						
16	0.007	0.045	100.000						

提取方法：主成分分析。

表 6-8　家长调查问卷累积贡献率
解释的总方差

成分	初始特征值			提取平方和载入			旋转平方和载入		
	合计	方差(%)	累积(%)	合计	方差(%)	累积(%)	合计	方差(%)	累积(%)
1	13.099	87.325	87.325	14.204	88.775	88.775	7.613	47.581	47.581
2	0.400	2.664	89.989	0.532	3.326	92.100	7.123	44.519	92.100
3	0.327	2.178	92.166						
4	0.282	1.878	94.045						
5	0.212	1.413	95.457						
6	0.176	1.174	96.632						
7	0.156	1.039	97.670						
8	0.109	0.730	98.400						
9	0.063	0.418	98.818						
10	0.057	0.381	99.199						
11	0.054	0.361	99.560						
12	0.034	0.230	99.790						
13	0.020	0.134	99.923						
14	0.010	0.066	99.989						
15	0.002	0.011	100.000						

提取方法：主成分分析。

表 6-9　教师调查问卷累积贡献率
解释的总方差

成分	初始特征值			提取平方和载入			旋转平方和载入		
	合计	方差(%)	累积(%)	合计	方差(%)	累积(%)	合计	方差(%)	累积(%)
1	13.186	69.402	69.402	14.204	88.775	88.775	7.613	47.581	47.581
2	2.390	12.581	81.982	0.532	3.326	92.100	7.123	44.519	92.100
3	1.404	7.392	89.374						
4	0.485	2.552	91.926						
5	0.314	1.655	93.581						
6	0.271	1.425	95.006						
7	0.241	1.269	96.275						
8	0.193	1.013	97.288						
9	0.158	0.833	98.121						
10	0.113	0.595	98.715						

续表

成分	初始特征值			提取平方和载入			旋转平方和载入		
	合计	方差(%)	累积(%)	合计	方差(%)	累积(%)	合计	方差(%)	累积(%)
11	0.090	0.474	99.189						
12	0.056	0.293	99.482						
13	0.037	0.194	99.675						
14	0.024	0.127	99.802						
15	0.017	0.090	99.892						
16	0.011	0.055	99.948						
17	0.006	0.031	99.979						
18	0.003	0.016	99.995						
19	0.001	0.005	100.000						

提取方法：主成分分析。

从表 6-7、表 6-8、表 6-9 中可知，由 SPSS 软件得出效度检验指标累积贡献率都在 85% 以上，说明这三份调查问卷的效度非常高。

综上可知，我们使用 SPSS 软件对学生、家长、教师关于 ITtools3.0 教学辅助平台使用情况的三份调查问卷进行问卷信度和效度分析检验，三份调查问卷的 α 信度系数都在 0.9 以上；三份调查问卷的 KMO 都在 0.8 ~ 0.9 之间，Sig=0.000，适合进行因子分析；三份调查问卷的累积贡献率都在 85% 以上。这说明了学生、家长、教师关于 ITtools3.0 教学辅助平台使用情况的三份调查问卷通过了信度和效度的检验，保证了问卷调查及研究成果的真实性。

第七章

问卷调查报告

关于 ITtools3.0 教学辅助平台的使用情况，课题组分别对学生、家长、教师进行了三份问卷调查，经过 SPSS 分析，通过了信度、效度的检验（详见《调查问卷的信度效度分析报告》）。分析学生、家长、教师对 ITtools3.0 教学辅助平台教与学的接受程度的影响因素可知，影响学生、家长、教师接受程度的因素有学生、家长、教师三类。

一、调查背景

ITtools3.0 平台能有效解决小学学科教学过程中遇到的困难，通过电子备课、课堂签到、课堂测验、学习互助、作品展示、精华作品展示、作品互评、教学测验、查漏补缺课、师生答疑、课后复习与分析等模块给课堂提供全面的技术支持，让教师从繁重的备课、批改、成绩分析中解脱出来，有更多的时间和精力研究教法。教师用 ITtools3.0 平台给学生布置一些课外延伸、作业，可以开阔学生视野，发散学生思维，提高学生的学习兴趣。家长通过 ITtools3.0 平台可以更详细、更全面地了解孩子的学习情况，方便教师、学生、家长交流与监督，达到更好的教育效果。本课题立足于转变传统单一、机械灌输的教学方式，建立新型的教学方式，促使小学学科课堂教学方式研究重心的转移，努力探究创新教学方法，研发出更多微课、课件、教学设计等，更好地激发学生的学习兴趣，使课堂教学活动多样化、趣味化，提高教学效率，提高学生学习兴趣和终身学习的能力。

二、调查目的

1. 帮助教师、学生、家长了解 ITtools3.0 平台教与学的功能。

2. 调查教师、学生、家长对 ITtools3.0 平台教与学效果的接受程度。

3. 通过调查研究，进一步改进和完善 ITtools3.0 平台，使其更好地为教师、学生、家长服务。

三、调查对象

阳江市江城第一小学在职教师、在校学生及在读学生的家长。

四、调查内容与分析

本次调查共发出《关于 ITtools3.0 教学辅助平台使用情况的学生调查问卷》100 份，共收回 100 份，有效答卷为 100 份，回收率达 100%；共发出《关于 ITtools3.0 教学辅助平台使用情况的学生家长调查问卷》100 份，共收回 100 份，有效答卷为 100 份，回收率达 100%；共发出《关于 ITtools3.0 教学辅助平台使用情况的教师调查问卷》40 份，共收回 40 份，有效答卷为 40 份，回收率达 100%。

由本次调查可知，影响学生对 ITtools3.0 教学辅助平台使用情况的因素包括：控制学生玩游戏、控制学生分神浏览其他网页、预防学生近视、平台运用流畅度、学生学习主动性与成绩提高、电子备课、课堂签到、课堂测验、学习互助、作品展示、精华作品展示、作品互评、教学测验、查漏补缺课、师生答疑、课后复习与分析等方面教学方式创新接受程度。其中"不能玩游戏"占 78.2%，"防近视"占 77.6%，其他方面都在 80% 以上；影响家长、教师对 ITtools3.0 教学辅助平台使用情况的因素中，"教学方式创新接受程度"占 70% 以上；学生、家长、教师对"如果上面这些问题能达到很好的教学效果，您会（　　）学校应用 ITtools3.0 教学辅助平台进行教学"的接受程度达到 80% 以上。

通过以上数据可知，大多数学生、家长、教师都支持利用 ITtools3.0 教学辅助平台进行教学方式创新，学生、家长、教师接受度达 70% 以上，但仍有部分工作需要改善，具体详见下面学生、家长、教师《关于ITtools3.0教学辅助平台使用情况的调查问卷》接受程度的描述统计、频率统计表资料数据分析。

（一）学生对ITtools3.0平台教与学效果问卷调查接受程度描述统计

描述统计量

	N	全距	极小值	极大值	和	均值	接受程度
1.如果让您上网登录ITtools3.0教学辅助平台，进行自主学习，您会（　）。	100	4	1	5	418	4.18	83.6%
2.如果只能使用电脑登录ITtools3.0教学辅助平台，或只能登录一些健康网站，您会（　）。	100	4	1	5	391	3.91	78.2%
3.ITtools3.0教学辅助平台的"当前课程"具有"座位表"功能，上课前可让学生自行签到，教师可以及时知道缺席学生的名单，您会（　）这种省时高效的课堂点名方式。	100	4	1	5	404	4.04	80.8%
4.ITtools3.0平台能自动批改、分析学生的课堂测试、课堂作业、课后作业、课堂操作题作业等，当您完成作业，平台马上帮您查漏补缺，汇总出您的错误题数，为您的学习提供科学依据，您会（　）这种方式。	100	4	1	5	412	4.12	82.4%
5.如果登录ITtools3.0教学辅助平台就可以了解自己的上课、作业成绩和教师、同学对自己的评价，您会（　）这样的功能。	100	4	1	5	412	4.12	82.4%
6.教师把优秀作业放到ITtools3.0教学辅助平台"精华作业展示"模块中，供学生及家长互相学习借鉴，您会（　）这样的学习展示活动。	100	4	1	5	407	4.07	81.4%
7.ITtools3.0教学辅助平台"学习记录"模块中记录了您的上课情况：每位教师每节课的课程主题、时间、座位、签到、成绩和教师、同学的评语等。您会（　）了解自己的上课学习情况。	100	4	1	5	412	4.12	82.4%

续表

	N	全距	极小值	极大值	和	均值	接受程度
8. 教师在ITtools3.0教学辅助平台"当前课堂"模块中提供了大量教学资源(微课、课件等)和学习测试,平台能自动测评学生的学习情况,便于教师收集全班学生的信息,实行因材施教。您会( )这样的教学活动。	100	4	1	5	407	4.07	81.4%
9. 您在学习过程中遇到难题,家长也无法提供帮助时,您会( )在ITtools3.0教学辅助平台"师生答疑"模块中提出问题,向教师求助。	100	4	1	5	407	4.07	81.4%
10. 教师在ITtools3.0教学辅助平台"课后阅读资料"模块中布置课外延伸作业,您会( )课外延伸作业。	100	4	1	5	409	4.09	81.8%
11. 在ITtools3.0教学辅助平台"操作题作业"模块中,学生根据教师提供的学习资源在家里进行数学拼图、实验图构建、美术贴纸、信息技术等操作题,您会( )这种学习方式。	100	4	1	5	411	4.11	82.2%
12.ITtools3.0教学辅助平台"学生互评""作品循环展播"模块中,学生可以评价自己的作品,也可以评价别人的作品,还可以看到教师和同学对自己作品的评价,您会( )这种学习评价方式。	100	4	1	5	407	4.07	81.4%
13. 应用ITtools3.0教学辅助平台进行教学方式创新,可以转变传统讲授单一、机械灌输的教学方式,您会( )提高自己的自主学习能力。	100	4	1	5	408	4.08	81.6%

续表

	N	全距	极小值	极大值	和	均值	接受程度
14. 学校配置了1000兆光纤专线校园网络，配备了高配置的服务器免费供全校师生使用ITtools3.0教学辅助平台，进入ITtools3.0教学辅助平台教学、学习比较流畅，没有卡顿现象，您会（　）这种流畅的网络技术教学。	100	4	1	5	403	4.03	80.6%
15. 如果学校应用ITtools3.0教学辅助平台进行教学，您会（　）使用绿色健康的电子产品。您对减轻用眼疲劳，预防近视有什么好的建议？	100	4	1	5	388	3.88	77.6%
16. 如果上面这些问题能达到很好的教学效果，您会（　）教师应用ITtools3.0教学辅助平台进行教学。	100	4	1	5	423	4.23	84.6%
有效的N（列表状态）	100						

（二）家长对ITtools3.0平台教与学效果问卷调查接受程度描述统计

描述统计量

	N	全距	极小值	极大值	和	均值	接受程度
1. 如果登录ITtools3.0教学辅助平台，就可以了解您的孩子的上课情况，是否完成作业，教师、同学对您的孩子的评价怎样，您会（　）了解孩子这些学习情况。	100	4	1	5	378	3.78	75.6%
2. 如果您的孩子在ITtools3.0教学辅助平台上完成课堂作业、课后作业等，平台会及时给您的孩子做出评价，并会帮他（她）"查漏补缺"，汇总错误，您会（　）进入平台跟踪了解孩子的学习情况。	100	4	1	5	389	3.89	77.8%

续表

	N	全距	极小值	极大值	和	均值	接受程度
3. 教师把优秀作业放到 ITtools3.0 教学辅助平台"精华作业展示"模块中供学生相互学习借鉴，您会（ ）了解作业的质量情况。	100	4	1	5	395	3.95	79.0%
4. ITtools3.0 教学辅助平台"学习记录"模块中，记录了学生的上课情况：每位教师每节课的课程主题、时间、座位、签到、成绩、和教师评语等。您会（ ）了解孩子在学校的这些信息，以便于更好地与孩子进行沟通。	100	4	1	5	390	3.90	78.0%
5. 教师在 ITtools3.0 教学辅助平台"当前课堂"模块中提供了大量教学资源（微课、课件等）和学习测试（平台自动测评），分析全班学生的学习情况，以便于因材施教。您会（ ）这样的教学活动，配合教师的工作。	100	4	1	5	389	3.89	77.8%
6. 孩子在学习过程中遇到难题，家长也无法提供帮助时，您会（ ）考虑到 ITtools3.0 教学辅助平台"师生答疑"中，向教师、同学求助。	100	4	1	5	391	3.91	78.2%
7. 教师会在 ITtools3.0 教学辅助平台"课后阅读资料"模块中布置一些课外延伸作业，您会（ ）孩子参与。	100	4	1	5	392	3.92	78.4%
8. 您会（ ）孩子在学校、家里使用的电脑（或平板电脑）可以控制只能进入 ITtools3.0 教学辅助平台，或浏览健康的网站。	100	4	1	5	406	4.06	81.2%
9. 在 ITtools3.0 教学辅助平台"操作题作业"模块中，教师会提供大量数学拼图、美术贴纸、信息技术的实践操作等资源，您会（ ）孩子能在家里进行实践操作或实验活动，提高操作能力。	100	4	1	5	387	3.87	77.4%

续表

	N	全距	极小值	极大值	和	均值	接受程度
10. ITtools3.0教学辅助平台"学生互评""作品循环展播"模块中,学生可以自评作品,也可以评价同学的作品,还可以看到教师和同学对自己作品的评价,您会( )这样相互学习、相互鼓励的评价活动。	100	4	1	5	392	3.92	78.4%
11. 应用ITtools3.0教学辅助平台进行教学方式创新,可以转变传统讲授单一、机械灌输的教学方式,您会( )ITtools3.0教学辅助平台进行教学方式创新,提高孩子的自主学习能力。	100	4	1	5	397	3.97	79.4%
12. 随时随地可以了解孩子详细的学习情况,您会( )进入ITtools3.0教学辅助平台查看。	100	4	1	5	398	3.98	79.6%
13. 学校配置了1000兆光纤专线校园网络,配备了高配置的服务器免费供全校师生使用ITtools3.0教学辅助平台,学习比较流畅,没有卡顿现象,您会( )这种流畅网络的技术教学。	100	4	1	5	392	3.92	78.4%
14. 如果学校教师应用ITtools3.0教学辅助平台进行教学,您会( )孩子使用绿色健康的电子产品。您对预防孩子近视有什么好的建议?	100	4	1	5	360	3.60	72.0%
15. 如果上面这些功能全部实现,并达到很好的教学效果,您会( )教师应用ITtools3.0教学辅助平台进行教学。	100	4	1	5	412	4.12	82.4%
有效的N(列表状态)	100						

（三）教师对 ITtools3.0 平台教与学效果问卷调查接受程度描述统计

描述统计量

	N	全距	极小值	极大值	和	均值	接受程度
1.ITtools3.0 教学辅助平台"当前课程"中的"座位表"功能，可以让学生上课前自行签到，教师可以知道缺席学生的名单，您会（　）这种省时高效的课堂点名方式。	40	4	1	5	149	3.73	74.5%
2.ITtools3.0 教学辅助平台能自动帮助教师批改、分析学生的课堂测试、课堂作业、课后作业、操作题作业等，汇总出学生学习情况的单项分析和综合分析等，为教师的教学决策和因材施教提供科学依据，您会（　）将这一功能应用于实际教学中。	40	4	1	5	155	3.88	77.5%
3.ITtools3.0 教学辅助平台可以实行课程资源（微课、教学设计、课件、课例等）共享，每人共享自己的精品课程资源，教师就会省出时间研发出更多的精品课程资源，提升自身的教学水平、教学能力，您会（　）更多的精品课程资源。	40	4	1	5	153	3.83	76.5%
4. 您会（　）进入 ITtools3.0 教学辅助平台，了解学生个人及集体的上课，完成作业及成绩分析的详细信息。	40	4	1	5	148	3.70	74.0%
5. 学生用电脑（或平板电脑）在学校上课，或在家里完成网上作业，您会（　）学生使用电脑（或平板电脑）只能登录 ITtools3.0 教学辅助平台或指定的健康网站。	40	4	1	5	161	4.03	80.5%
6. 如果学生在 ITtools3.0 教学辅助平台完成课堂作业、课后作业等，平台会及时给全班学生做出评价及综合分析，并会帮您"查漏补缺"，汇总全班的学习情况，您会（　）这些信息。	40	4	1	5	151	3.78	75.5%

续表

	N	全距	极小值	极大值	和	均值	接受程度
7. 您会（　　）把优秀作业放到ITtools3.0教学辅助平台"精华作业展示"模块中，供学生及家长相互学习借鉴，了解作业质量情况，便于家长监督教育学生。	40	4	1	5	153	3.83	76.5%
8. ITtools3.0教学辅助平台"学习记录"功能会记录学生的上课情况，如每位教师每节课的课程主题、时间、学生座位、签到、成绩及教师评语等，帮助您了解学生上课、学习的情况，对这一功能，您会（　　）。	40	4	1	5	151	3.78	75.5%
9. ITtools3.0教学辅助平台"当前课堂"模块提供了教学资源（微课、课件等）和学习测试题（平台自动测评），您会（　　）平台能及时反馈学生学习情况。	40	4	1	5	154	3.85	77.0%
10. 学生在学习过程中遇到难题，家长也无法提供帮助时，可以在ITtools3.0教学辅助平台"师生答疑"模块中提出问题，向教师求助。您会（　　）通过平台解答学生的问题。	40	4	1	5	148	3.70	74.0%
11. 您会（　　）在ITtools3.0教学辅助平台"课后阅读资料"模块中给学有余力的学生布置课外延伸作业，以开阔学生视野，发散学生思维，提高学生学习兴趣。	40	4	1	5	149	3.73	74.5%
12. ITtools3.0教学辅助平台"操作题作业"模块中，教师可提供数学拼图、美术贴纸、信息技术的实践操作等资源，您会（　　）学生能在家里进行实践操作或实验活动，提高操作能力。	40	4	1	5	151	3.78	75.5%

续表

	N	全距	极小值	极大值	和	均值	接受程度
13.ITtools3.0教学辅助平台"学生互评""作品循环展播"模块中，学生可以自评作品，也可以评价别人的作品，还可以看到教师和同学对自己作品的评价，您会（　　）这样相互学习、相互鼓励的评价活动。	40	4	1	5	150	3.75	75.0%
14. 应用ITtools3.0教学辅助平台进行教学方式创新，可以转变传统讲授单一、机械灌输的教学方式，您会（　　）利用ITtools3.0教学辅助平台进行教学方式创新，提高学生的自主学习能力。	40	4	1	5	155	3.88	77.5%
15. 了解学生详细的学习情况，您会（　　）进入ITtools3.0教学辅助平台查看。	40	4	1	5	152	3.80	76.0%
16. 学校配置了1000兆光纤专线校园网络，配备了高配置的服务器免费供全校师生使用ITtools3.0教学辅助平台，学习比较流畅，没有卡顿现象，您会（　　）这种流畅的网络技术教学。	40	4	1	5	151	3.78	75.5%
17. 考虑学生的学习成绩及教学效果，您会（　　）应用ITtools3.0教学辅助平台进行教学。	40	4	1	5	148	3.70	74.0%
18. 如果学校应用ITtools3.0教学辅助平台进行教学，您会（　　）学生使用绿色健康的电子产品。您对预防学生近视有什么好的建议？	40	4	1	5	143	3.58	71.5%
19. 如果上面这些功能全部实现，并达到很好的教学效果，您会（　　）学校应用ITtools3.0教学辅助平台进行教学。	40	4	1	5	161	4.03	80.5%
有效的N（列表状态）	40						

（四）关于 ITtools3.0 教学辅助平台使用情况的学生调查问卷频率统计
频率表

1. 如果让您上网登录 ITtools3.0 教学辅助平台，进行自主学习，您会（　　　）。

		频率	百分比	有效百分比	累积百分比
有效	从不期待	2	2.0	2.0	2.0
	偶尔期待	2	2.0	2.0	4.0
	一般期待	15	15.0	15.0	19.0
	很期待	38	38.0	38.0	57.0
	非常期待	43	43.0	43.0	100.0
	合计	100	100.0	100.0	

2. 如果只能使用电脑登录 ITtools3.0 教学辅助平台，或只能登录一些健康的网站，您会（　　　）。

		频率	百分比	有效百分比	累积百分比
有效	从不期待	6	6.0	6.0	6.0
	偶尔期待	7	7.0	7.0	13.0
	一般期待	13	13.0	13.0	26.0
	很期待	38	38.0	38.0	64.0
	非常期待	36	36.0	36.0	100.0
	合计	100	100.0	100.0	

3. ITtools3.0 教学辅助平台的"当前课程"具有"座位表"功能，上课前可让学生自行签到，教师可以及时知道缺席学生的名单，您会（　　　）这种省时高效的课堂点名方式。

		频率	百分比	有效百分比	累积百分比
有效	从不期待	5	5.0	5.0	5.0
	偶尔期待	3	3.0	3.0	8.0
	一般期待	16	16.0	16.0	24.0
	很期待	35	35.0	35.0	59.0
	非常期待	41	41.0	41.0	100.0
	合计	100	100.0	100.0	

4. ITtools3.0 平台能自动批改、分析学生的课堂测试、课堂作业、课后作业、课堂操作题作业等，当您完成作业，平台马上帮您查漏补缺，汇总出您错误的题数，为您的学习提供科学依据，您会（　　　）这种方式。

		频率	百分比	有效百分比	累积百分比
有效	从不期待	4	4.0	4.0	4.0
	偶尔期待	3	3.0	3.0	7.0
	一般期待	13	13.0	13.0	20.0
	很期待	37	37.0	37.0	57.0
	非常期待	43	43.0	43.0	100.0
	合计	100	100.0	100.0	

5. 如果登录 ITtools3.0 教学辅助平台可以了解自己的上课情况、作业成绩和教师、同学对自己的评价，您会（　　　）这样的功能。

		频率	百分比	有效百分比	累积百分比
有效	从不期待	4	4.0	4.0	4.0
	偶尔期待	2	2.0	2.0	6.0
	一般期待	15	15.0	15.0	21.0
	很期待	36	36.0	36.0	57.0
	非常期待	43	43.0	43.0	100.0
	合计	100	100.0	100.0	

6. 教师把优秀作业放到 ITtools3.0 教学辅助平台"精华作业展示"模块中，供学生及家长互相学习借鉴，您会（　　　）这样的学习展示活动。

		频率	百分比	有效百分比	累积百分比
有效	从不期待	6	6.0	6.0	6.0
	偶尔期待	3	3.0	3.0	9.0
	一般期待	12	12.0	12.0	21.0
	很期待	36	36.0	36.0	57.0
	非常期待	43	43.0	43.0	100.0
	合计	100	100.0	100.0	

7. ITtools3.0 教学辅助平台"学习记录"模块中记录了您的上课情况：每位教师每节课的课程主题、时间、座位、签到、成绩和教师、同学的评语等。您会（　　　）了解自己的上课学习情况。

		频率	百分比	有效百分比	累积百分比
有效	从不期待	4	4.0	4.0	4.0
	偶尔期待	3	3.0	3.0	7.0
	一般期待	13	13.0	13.0	20.0
	很期待	37	37.0	37.0	57.0

续表

	频率	百分比	有效百分比	累积百分比
非常期待	43	43.0	43.0	100.0
合计	100	100.0	100.0	

8. 教师在 ITtools3.0 教学辅助平台"当前课堂"模块中提供了大量教学资源（微课、课件等）和学习测试，平台能自动测评学生的学习情况，便于教师收集全班学生的信息，实行因材施教。您会（   ）这样的教学活动。

		频率	百分比	有效百分比	累积百分比
有效	从不期待	4	4.0	4.0	4.0
	偶尔期待	2	2.0	2.0	6.0
	一般期待	16	16.0	16.0	22.0
	很期待	39	39.0	39.0	61.0
	非常期待	39	39.0	39.0	100.0
	合计	100	100.0	100.0	

9. 您在学习过程中遇到了难题，家长也无法提供帮助时，您会（   ）在 ITtools3.0 教学辅助平台"师生答疑"模块中提出问题，向教师求助。

		频率	百分比	有效百分比	累积百分比
有效	从不期待	5	5.0	5.0	5.0
	偶尔期待	2	2.0	2.0	7.0
	一般期待	15	15.0	15.0	22.0
	很期待	37	37.0	37.0	59.0
	非常期待	41	41.0	41.0	100.0
	合计	100	100.0	100.0	

10. 教师在 ITtools3.0 教学辅助平台"课后阅读资料"模块中布置课外延伸作业，您会（   ）课外延伸作业。

		频率	百分比	有效百分比	累积百分比
有效	从不期待	2	2.0	2.0	2.0
	偶尔期待	2	2.0	2.0	4.0
	一般期待	15	15.0	15.0	19.0
	很期待	38	38.0	38.0	57.0
	非常期待	43	43.0	43.0	100.0
	合计	100	100.0	100.0	

11. 在 ITtools3.0 教学辅助平台"操作题作业"模块中，学生根据教师提供的学习资源在家里进行数学拼图、实验图构建、美术贴纸、信息技术等操作题，您会（　　）这种学习方式。

		频率	百分比	有效百分比	累积百分比
有效	从不期待	4	4.0	4.0	4.0
	偶尔期待	2	2.0	2.0	6.0
	一般期待	15	15.0	15.0	21.0
	很期待	37	37.0	37.0	58.0
	非常期待	42	42.0	42.0	100.0
	合计	100	100.0	100.0	

12. 在 ITtools3.0 教学辅助平台"学生互评""作品循环展播"模块中，学生可以评价自己的作品，也可以评价别人的作品，还可以看到教师和同学对自己作品的评价，您会（　　）这种学习评价方式。

		频率	百分比	有效百分比	累积百分比
有效	从不期待	6	6.0	6.0	6.0
	偶尔期待	3	3.0	3.0	9.0
	一般期待	13	13.0	13.0	22.0
	很期待	34	34.0	34.0	56.0
	非常期待	44	44.0	44.0	100.0
	合计	100	100.0	100.0	

13. 应用 ITtools3.0 教学辅助平台进行教学方式创新，可以转变传统讲授单一、机械灌输的教学方式，您会（　　）提高自己的自主学习能力。

		频率	百分比	有效百分比	累积百分比
有效	从不期待	4	4.0	4.0	4.0
	偶尔期待	3	3.0	3.0	7.0
	一般期待	16	16.0	16.0	23.0
	很期待	35	35.0	35.0	58.0
	非常期待	42	42.0	42.0	100.0
	合计	100	100.0	100.0	

14. 学校配置了 1000 兆光纤专线校园网络，配备了高配置的服务器免费供全校师生使用 ITtools3.0 教学辅助平台，进入 ITtools3.0 教学辅助平台教学、学习比较流畅，没有卡顿现象，您会（　　）这种流畅的网络技术教学。

		频率	百分比	有效百分比	累积百分比
有效	从不期待	6	6.0	6.0	6.0
	偶尔期待	3	3.0	3.0	9.0
	一般期待	14	14.0	14.0	23.0
	很期待	36	36.0	36.0	59.0
	非常期待	41	41.0	41.0	100.0
	合计	100	100.0	100.0	

15. 如果学校应用 ITtools3.0 教学辅助平台进行教学，您会（   ）使用绿色健康的电子产品。您对减轻用眼疲劳，预防近视有什么好的建议？

		频率	百分比	有效百分比	累积百分比
有效	从不期待	10	10.0	10.0	10.0
	偶尔期待	3	3.0	3.0	13.0
	一般期待	15	15.0	15.0	28.0
	很期待	33	33.0	33.0	61.0
	非常期待	39	39.0	39.0	100.0
	合计	100	100.0	100.0	

16. 如果上面这些问题能达到很好的教学效果，您会（   ）教师应用 ITtools3.0 教学辅助平台进行教学。

		频率	百分比	有效百分比	累积百分比
有效	从不期待	4	4.0	4.0	4.0
	偶尔期待	2	2.0	2.0	6.0
	一般期待	9	9.0	9.0	15.0
	很期待	37	37.0	37.0	52.0
	非常期待	48	48.0	48.0	100.0
	合计	100	100.0	100.0	

（五）关于 ITtools3.0 教学辅助平台使用情况的家长调查问卷频率统计
频率表

1. 如果登录 ITtools3.0 教学辅助平台，就可以了解您的孩子的上课情况，是否完成作业，教师、同学对您的孩子的评价怎样，您会（   ）了解孩子这些学习情况。

		频率	百分比	有效百分比	累积百分比
有效	从不期待	5	5.0	5.0	5.0
	偶尔期待	15	15.0	15.0	20.0

		频率	百分比	有效百分比	累积百分比
	一般期待	17	17.0	17.0	37.0
	很期待	23	23.0	23.0	60.0
	非常期待	40	40.0	40.0	100.0
	合计	100	100.0	100.0	

2. 如果您的孩子在ITtools3.0教学辅助平台上完成的课堂作业、课后作业等，平台会及时给您的孩子做出评价，并会帮他（她）"查漏补缺"，汇总错误，您会（　　　）进入平台跟踪了解孩子的学习情况。

		频率	百分比	有效百分比	累积百分比
有效	从不期待	4	4.0	4.0	4.0
	偶尔期待	10	10.0	10.0	14.0
	一般期待	20	20.0	20.0	34.0
	很期待	25	25.0	25.0	59.0
	非常期待	41	41.0	41.0	100.0
	合计	100	100.0	100.0	

3. 教师把优秀作业放到ITtools3.0教学辅助平台"精华作业展示"模块中供学生相互学习借鉴，您会（　　　）了解作业的质量情况。

		频率	百分比	有效百分比	累积百分比
有效	从不期待	3	3.0	3.0	3.0
	偶尔期待	11	11.0	11.0	14.0
	一般期待	17	17.0	17.0	31.0
	很期待	26	26.0	26.0	57.0
	非常期待	43	43.0	43.0	100.0
	合计	100	100.0	100.0	

4. ITtools3.0教学辅助平台"学习记录"中记录了学生的上课情况：每位教师每节课的课程主题、时间、座位、签到、成绩和教师评语等。您会（　　　）了解孩子在学校的这些信息，以便于更好地与孩子进行沟通。

		频率	百分比	有效百分比	累积百分比
有效	从不期待	3	3.0	3.0	3.0
	偶尔期待	13	13.0	13.0	16.0
	一般期待	18	18.0	18.0	34.0
	很期待	23	23.0	23.0	57.0

续表

		频率	百分比	有效百分比	累积百分比
	非常期待	43	43.0	43.0	100.0
	合计	100	100.0	100.0	

5. 教师在 ITtools3.0 教学辅助平台"当前课堂"模块中提供了大量教学资源（微课、课件等）和学习测试（平台自动测评），便于教师分析全班学生学习的情况，实行因材施教。您会（　　　）这样的教学活动，配合教师的工作。

		频率	百分比	有效百分比	累积百分比
有效	从不期待	5	5.0	5.0	5.0
	偶尔期待	12	12.0	12.0	17.0
	一般期待	15	15.0	15.0	32.0
	很期待	25	25.0	25.0	57.0
	非常期待	43	43.0	43.0	100.0
	合计	100	100.0	100.0	

6. 孩子在学习过程中遇到难题，家长也无法提供帮助时，您会（　　　）通过 ITtools3.0 教学辅助平台"师生答疑"模块向教师、同学求助。

		频率	百分比	有效百分比	累积百分比
有效	从不期待	3	3.0	3.0	3.0
	偶尔期待	13	13.0	13.0	16.0
	一般期待	16	16.0	16.0	32.0
	很期待	26	26.0	26.0	58.0
	非常期待	42	42.0	42.0	100.0
	合计	100	100.0	100.0	

7. 教师会在 ITtools3.0 教学辅助平台"课后阅读资料"模块中布置一些课外延伸作业，您会（　　　）孩子参与。

		频率	百分比	有效百分比	累积百分比
有效	从不期待	5	5.0	5.0	5.0
	偶尔期待	11	11.0	11.0	16.0
	一般期待	15	15.0	15.0	31.0
	很期待	25	25.0	25.0	56.0
	非常期待	44	44.0	44.0	100.0
	合计	100	100.0	100.0	

8. 您会（　　）孩子在学校、家里使用的电脑（或平板电脑）只能进入 ITtools3.0 教学辅助平台或浏览健康的网站。

		频率	百分比	有效百分比	累积百分比
有效	从不期待	2	2.0	2.0	2.0
	偶尔期待	9	9.0	9.0	11.0
	一般期待	16	16.0	16.0	27.0
	很期待	27	27.0	27.0	54.0
	非常期待	46	46.0	46.0	100.0
	合计	100	100.0	100.0	

9. 在 ITtools3.0 教学辅助平台"操作题作业"模块中，教师会提供大量数学拼图、美术贴纸、信息技术的实践操作等资源，您会（　　）孩子能在家里进行实践操作或实验活动，提高操作能力。

		频率	百分比	有效百分比	累积百分比
有效	从不期待	5	5.0	5.0	5.0
	偶尔期待	13	13.0	13.0	18.0
	一般期待	13	13.0	13.0	31.0
	很期待	28	28.0	28.0	59.0
	非常期待	41	41.0	41.0	100.0
	合计	100	100.0	100.0	

10. 应用 ITtools3.0 教学辅助平台进行教学方式创新，可以转变传统讲授单一、机械灌输的教学方式，您会（　　）ITtools3.0 教学辅助平台进行教学方式创新，提高孩子的自主学习能力。

		频率	百分比	有效百分比	累积百分比
有效	从不期待	4	4.0	4.0	4.0
	偶尔期待	9	9.0	9.0	13.0
	一般期待	16	16.0	16.0	29.0
	很期待	28	28.0	28.0	57.0
	非常期待	43	43.0	43.0	100.0
	合计	100	100.0	100.0	

11. 如果您随时随地可以了解孩子详细的学习情况，您会（   ）进入 ITtools3.0 教学辅助平台查看。

		频率	百分比	有效百分比	累积百分比
有效	从不期待	2	2.0	2.0	2.0
	偶尔期待	8	8.0	8.0	10.0
	一般期待	21	21.0	21.0	31.0
	很期待	28	28.0	28.0	59.0
	非常期待	41	41.0	41.0	100.0
	合计	100	100.0	100.0	

12. 学校配置了 1000 兆光纤专线校园网络，配备了高配置的服务器免费供全校师生使用 ITtools3.0 教学辅助平台，进入 ITtools3.0 教学辅助平台教学、学习都比较流畅，没有卡顿现象，您会（   ）这种流畅的网络技术教学。

		频率	百分比	有效百分比	累积百分比
有效	从不期待	3	3.0	3.0	3.0
	偶尔期待	12	12.0	12.0	15.0
	一般期待	17	17.0	17.0	32.0
	很期待	26	26.0	26.0	58.0
	非常期待	42	42.0	42.0	100.0
	合计	100	100.0	100.0	

13. 如果学校教师应用 ITtools3.0 教学辅助平台进行教学，您会（   ）孩子使用绿色健康的电子产品。您对预防孩子近视有什么好的建议？

		频率	百分比	有效百分比	累积百分比
有效	从不期待	10	10.0	10.0	10.0
	偶尔期待	14	14.0	14.0	24.0
	一般期待	18	18.0	18.0	42.0
	很期待	22	22.0	22.0	64.0
	非常期待	36	36.0	36.0	100.0
	合计	100	100.0	100.0	

14. 如果上面这些功能全部实现，并达到很好的教学效果，您会（   ）教师应用 ITtools3.0 教学辅助平台进行教学。

		频率	百分比	有效百分比	累积百分比
有效	从不期待	3	3.0	3.0	3.0
	偶尔期待	9	9.0	9.0	12.0

续表

		频率	百分比	有效百分比	累积百分比
有效	一般期待	11	11.0	11.0	23.0
	很期待	27	27.0	27.0	50.0
	非常期待	50	50.0	50.0	100.0
	合计	100	100.0	100.0	

（六）关于 ITtools3.0 教学辅助平台使用情况的教师调查问卷频率统计

频率表

1. ITtools3.0 教学辅助平台"当前课程"具有"座位表"功能，上课前学生会自行签到，教师可以及时知道缺席学生的名单，您会（　　　）这种省时高效的课堂点名方式。

		频率	百分比	有效百分比	累积百分比
有效	从不期待	1	2.5	2.5	2.5
	偶尔期待	7	17.5	17.5	20.0
	一般期待	8	20.0	20.0	40.0
	很期待	8	20.0	20.0	60.0
	非常期待	16	40.0	40.0	100.0
	合计	40	100.0	100.0	

2. ITtools3.0 平台能自动帮助教师批改、分析学生的课堂测试、课堂作业、课后作业、操作题作业等，汇总出学生学习情况的单项分析和综合分析等，为教师的教学决策和因材施教提供科学依据，您会（　　　）将这一功能应用于实际教学中。

		频率	百分比	有效百分比	累积百分比
有效	从不期待	6	15.0	15.0	15.0
	偶尔期待	8	20.0	20.0	35.0
	一般期待	9	22.5	22.5	57.5
	很期待	17	42.5	42.5	100.0
	非常期待	40	100.0	100.0	
	合计	100	100.0	100.0	

3.ITtools3.0 教学辅助平台可以实行课程资源（微课、教学设计、课件、课例等）共享，每人共享自己的精品课程资源，教师就会省出时间研发出更多的精品课程资源，提升自身的教学水平、教学能力，您会（　　　）更多的精品课程资源。

		频率	百分比	有效百分比	累积百分比
有效	从不期待	10	10.0	10.0	10.0
	偶尔期待	3	3.0	3.0	13.0
	一般期待	15	15.0	15.0	28.0
	很期待	33	33.0	33.0	61.0
	非常期待	39	39.0	39.0	100.0
	合计	100	100.0	100.0	

4. 您会（   ）进入 ITtools3.0 教学辅助平台，了解学生个人及集体的上课、完成作业及成绩分析的详细信息。

		频率	百分比	有效百分比	累积百分比
有效	从不期待	2	5.0	5.0	5.0
	偶尔期待	6	15.0	15.0	20.0
	一般期待	8	20.0	20.0	40.0
	很期待	10	25.0	25.0	65.0
	非常期待	14	35.0	35.0	100.0
	合计	40	100.0	100.0	

5. 学生用电脑（或平板电脑）在学校上课，或在家里完成网上作业，您会（   ）学生使用的电脑（或平板电脑）只能登录 ITtools3.0 教学辅助平台或指定的健康网站。

		频率	百分比	有效百分比	累积百分比
有效	从不期待	1	2.5	2.5	2.5
	偶尔期待	1	2.5	2.5	5.0
	一般期待	9	22.5	22.5	27.5
	很期待	14	35.0	35.0	62.5
	非常期待	15	37.5	37.5	100.0
	合计	40	100.0	100.0	

6. 如果学生在 ITtools3.0 教学辅助平台完成课堂作业、课后作业等，平台会及时给全班学生做出评价及综合分析，并会帮您"查漏补缺"，汇总全班的学习情况，您会（   ）这些信息。

		频率	百分比	有效百分比	累积百分比
有效	从不期待	1	2.5	2.5	2.5
	偶尔期待	6	15.0	15.0	17.5
	一般期待	9	22.5	22.5	40.0

续表

		频率	百分比	有效百分比	累积百分比
有效	很期待	9	22.5	22.5	62.5
	非常期待	15	37.5	37.5	100.0
	合计	40	100.0	100.0	

7. 您会（　　）把优秀作业放到 ITtools3.0 教学辅助平台"精华作业展示"模块中，供学生及家长相互学习借鉴，了解作业质量情况，便于家长监督教育学生。

		频率	百分比	有效百分比	累积百分比
有效	从不期待	2	5.0	5.0	5.0
	偶尔期待	4	10.0	10.0	15.0
	一般期待	9	22.5	22.5	37.5
	很期待	9	22.5	22.5	60.0
	非常期待	16	40.0	40.0	100.0
	合计	40	100.0	100.0	

8. ITtools3.0 教学辅助平台"学习记录"功能会记录学生的上课情况，如每位教师每节课的课程主题、时间、学生座位、签到、成绩及教师评语等，帮助教师了解学生上课、学习的情况，对这一功能，您会（　　）。

		频率	百分比	有效百分比	累积百分比
有效	从不期待	2	5.0	5.0	5.0
	偶尔期待	6	15.0	15.0	20.0
	一般期待	7	17.5	17.5	37.5
	很期待	9	22.5	22.5	60.0
	非常期待	16	40.0	40.0	100.0
	合计	40	100.0	100.0	

9. ITtools3.0 教学辅助平台"当前课堂"模块提供了教学资源（微课、课件等）和学习测试题（平台自动测评），您会（　　）平台能及时反馈学生学习情况。

		频率	百分比	有效百分比	累积百分比
有效	从不期待	2	5.0	5.0	5.0
	偶尔期待	5	12.5	12.5	17.5
	一般期待	7	17.5	17.5	35.0
	很期待	9	22.5	22.5	57.5

续表

		频率	百分比	有效百分比	累积百分比
有效	非常期待	17	42.5	42.5	100.0
	合计	40	100.0	100.0	

10. 学生在学习过程中遇到难题，家长也无法提供帮助时，可以在 ITtools3.0 教学辅助平台"师生答疑"模块中提出问题，向教师求助。您会（　　）通过平台解答学生的问题。

		频率	百分比	有效百分比	累积百分比
有效	从不期待	2	5.0	5.0	5.0
	偶尔期待	6	15.0	15.0	20.0
	一般期待	8	20.0	20.0	40.0
	很期待	9	22.5	22.5	62.5
	非常期待	15	37.5	37.5	100.0
	合计	40	100.0	100.0	

11. 您会（　　）在 ITtools3.0 教学辅助平台"课后阅读资料"模块中给学有余力的学生布置课外延伸作业，以开阔学生视野，发散学生思维，提高学生学习兴趣。

		频率	百分比	有效百分比	累积百分比
有效	从不期待	2	5.0	5.0	5.0
	偶尔期待	6	15.0	15.0	20.0
	一般期待	8	20.0	20.0	40.0
	很期待	9	22.5	22.5	62.5
	非常期待	15	37.5	37.5	100.0
	合计	40	100.0	100.0	

12. 在 ITtools3.0 教学辅助平台"操作题作业"模块中，教师可提供数学拼图、美术贴纸、信息技术的实践操作等资源，您会（　　）学生能在家里进行实践操作或实验活动，提高操作能力。

		频率	百分比	有效百分比	累积百分比
有效	从不期待	2	5.0	5.0	5.0
	偶尔期待	6	15.0	15.0	20.0
	一般期待	7	17.5	17.5	37.5
	很期待	9	22.5	22.5	60.0

续表

		频率	百分比	有效百分比	累积百分比
有效	非常期待	16	40.0	40.0	100.0
	合计	40	100.0	100.0	

13. 在 ITtools3.0 教学辅助平台"学生互评""作品循环展播"模块中，学生可以自评作品，也可以评价别人的作品，还可以看到教师和同学对自己作品的评价，您会（　　）这样相互学习、相互鼓励的评价活动。

		频率	百分比	有效百分比	累积百分比
有效	从不期待	2	5.0	5.0	5.0
	偶尔期待	6	15.0	15.0	20.0
	一般期待	8	20.0	20.0	40.0
	很期待	8	20.0	20.0	60.0
	非常期待	16	40.0	40.0	100.0
	合计	40	100.0	100.0	

14. 应用 ITtools3.0 教学辅助平台进行教学方式创新，可以转变传统讲授单一、机械灌输的教学方式，您会（　　）利用 ITtools3.0 教学辅助平台进行教学方式创新，提高学生的自主学习能力。

		频率	百分比	有效百分比	累积百分比
有效	从不期待	2	5.0	5.0	5.0
	偶尔期待	3	7.5	7.5	12.5
	一般期待	9	22.5	22.5	35.0
	很期待	10	25.0	25.0	60.0
	非常期待	16	40.0	40.0	100.0
	合计	40	100.0	100.0	

15. 如果随时随地可以了解学生详细的学习情况，您会（　　）进入 ITtools3.0 教学辅助平台查看。

		频率	百分比	有效百分比	累积百分比
有效	从不期待	2	5.0	5.0	5.0
	偶尔期待	5	12.5	12.5	17.5
	一般期待	8	20.0	20.0	37.5
	很期待	9	22.5	22.5	60.0
	非常期待	16	40.0	40.0	100.0
	合计	40	100.0	100.0	

16. 学校配置了1000兆光纤专线校园网络，配备了高配置的服务器免费供全校师生使用ITtools3.0教学辅助平台，学习比较流畅，没有卡顿现象，您会（　　）这种流畅的网络技术教学。

		频率	百分比	有效百分比	累积百分比
有效	从不期待	2	5.0	5.0	5.0
	偶尔期待	2	5.0	5.0	10.0
	一般期待	11	27.5	27.5	37.5
	很期待	12	30.0	30.0	67.5
	非常期待	13	32.5	32.5	100.0
	合计	40	100.0	100.0	

17. 考虑学生的学习成绩及教学效果，您会（　　）应用ITtools3.0教学辅助平台进行教学。

		频率	百分比	有效百分比	累积百分比
有效	从不期待	3	7.5	7.5	7.5
	偶尔期待	3	7.5	7.5	15.0
	一般期待	9	22.5	22.5	37.5
	很期待	11	27.5	27.5	65.0
	非常期待	14	35.0	35.0	100.0
	合计	40	100.0	100.0	

18. 如果学校应用ITtools3.0教学辅助平台进行教学，您会（　　）学生使用绿色健康的电子产品。您对预防学生近视有什么好的建议？

		频率	百分比	有效百分比	累积百分比
有效	从不期待	2	5.0	5.0	5.0
	偶尔期待	5	12.5	12.5	17.5
	一般期待	9	22.5	22.5	40.0
	很期待	11	27.5	27.5	67.5
	非常期待	13	32.5	32.5	100.0
	合计	40	100.0	100.0	

19. 如果上面这些功能全部实现，并达到很好的教学效果，您会（　　）学校应用ITtools3.0教学辅助平台进行教学。

		频率	百分比	有效百分比	累积百分比
有效	从不期待	1	2.5	2.5	2.5
	偶尔期待	3	7.5	7.5	10.0

续表

		频率	百分比	有效百分比	累积百分比
有效	一般期待	6	15.0	15.0	25.0
	很期待	12	30.0	30.0	55.0
	非常期待	18	45.0	45.0	100.0
	合计	40	100.0	100.0	

五、结论

ITtools3.0 平台能有效解决小学学科教学过程中遇到的困难，通过电子备课、课堂签到、课堂测验、学习互助、作品展示、精华作品展示、作品互评、教学测验、查漏补缺课、师生答疑、课后复习与分析等模块给课堂提供全面的技术支持，让教师从繁重的备课、批改、成绩分析中解脱出来，有更多的时间和精力研究教法。针对各学科的家庭作业，用 ITtools3.0 平台给学生布置一些课外延伸、扩展的作业，可以开阔学生视野，发散学生思维，提高学生学习兴趣。家长可以通过 ITtools3.0 平台更详细、更全面地了解孩子的学习情况，以方便教师、学生、家长交流与监督，达到更好的教育效果。课题立足于转变传统单一、机械灌输的教学方式，建立新型的教学方式，促使小学学科课堂教学方式研究重心转移，努力探究创新教学方法，研发出更多微课、课件、教学设计等，更好地激发学生的学习兴趣，使课堂教学活动多样化、趣味化，提高教学效率，提高学生的学习兴趣和终身学习的能力。

六、思考

根据调查数据，我们经过思考得出以下结论：

1. 如果学生使用的学习终端能够上网，不受限制，很多小学生喜欢上网聊天、玩游戏等，自控能力差的学生会沉溺于网络中不能自拔，花费大量时间上网，将会影响学习成绩。

2. 家长、教师最担心的是网络内容良莠并存，学生容易接触色情、暴力等不良网页。长此以往，会影响其身心的健康发展，甚至走上犯罪的道路。

3. 教师、家长可通过设置路由器或设置学生的学习终端（电脑、手机、平板电脑等）限制学生上网，只能登录 ITtools3.0 教学辅助平台进行学习，如教学需要，可以登录指定的网站，这样才能保证学生专心学习。限制上网是应用ITtools3.0教学辅助平台实行教学方式创新的前提。

4. 随着科学技术的发展，要想实现学生、家长、教师使用的网络流畅、不出现卡顿现象，就要提高本地服务器配置，提高局域网络带宽。而随着5G网络的普及，这一要求可以很好地得到满足。

5. 为预防学生近视，单凭改进电子产品是不现实的；而有效控制学生使用学习终端上指定网站，防止学生沉溺于网络，科学用眼，防止用眼疲劳，才是学生、家长、教师放心使用ITtools3.0教学辅助平台进行教与学的关键。

七、探讨与建议

通过精确统计回收问卷，课题组成员对《ITtools3.0平台下小学学科教学方式创新研究》的课题研究的意义、作用认识更加清晰。我们认为，本课题研究进一步解放了教师思想，转变了教学观念，改进了教学方式，可以看到实验后的教师逐渐由重知识传授向重学生发展转变；由重教师"教"向重学生"学"转变；由重结果向重过程转变；由统一规格教育向差异性教育转变。具体体现为以下几点：

（一）发挥学生的主体性

教学是教师"教"和学生"学"的辩证统一，教学过程是师生交往、共同发展的互动过程。作为教师应该认识到：学习主要是学生的事，教师不能包办代替。课堂教学是在教师指导下学生自主学习的过程，教师必须转变传统教学观念，尊重学生的人格和个性差异，当好学生学习的组织者、引导者和合作者，充分发挥学生学习的主体性。

（二）改进教学方式

有效教学是指通过教学中师生双边活动，学生达到教学目标的基本要求，获得具体的进步或发展。传统教学方式将学生的大脑作为"知识仓库"，教师采用"灌输式""填鸭式"等教学法向学生传授知识，而忽视其探究性、自主性、合作性学习习惯的养成。利用ITtools3.0平台进行教学的教学方式是以尊重学生为主的"先学后教"的创新教学方式，颠覆了以教师为主的"先教后学"的传统教学模式。学生通过平台的微课进行自主学习，再通过平台与教师或同学交流汇报；教师通过平台提前掌握每位学生学习的情况，实施因材施教，并利用智能大数据题库落实训练与检测，从而达到更好的教学效果。

改进教学方式，培养学生能力，发展学生智力，把"不聪明"的学生变聪明，让聪明的学生更加聪明——这不仅是素质教育的本质之一，也是有效教学的根本要求。学生的学习能力提高了，综合素养自然而然也会提高。因此，教师一定要改进教学方式，让学生学会学习，扎扎实实地提高教学效率。

（三）把课堂还给学生

当代教育理论认为，一节课应该把 2/3 的时间交给学生，教师的讲解累计不要超过 1/3 的时间。从国内一些课改名校来看，江苏省洋思中学的教师每节课一般只讲 4 ~ 8 分钟，不超过 1/5 的时间；山东省杜郎口中学的课堂时间安排是 10+35，即教师讲课累计不超过 10 分钟，学生自主学习、训练的时间累计不少于 35 分钟，教师讲课时间约占 1/5；河北省衡水中学的教师累计讲课时间不超过 1/3。

（四）多种教学方式相结合

国外心理学研究表明：人们从听觉方式获得的知识能够记忆 15%，从视觉方式获得的知识能够记忆 25%，而同时运用听觉和视觉可接受知识的65%。如果把听、看、想、做有机结合起来，学生可以接受的知识将达到90% 左右。再通过系统复习和记忆，学生就能够全面掌握学过的知识。因此，教学一定要坚持听、说、读、写、思、算相结合。

第八章

课题成果公报

阳江市江城第一小学　冯海欧

课题批准号：2017YQJK201

课题类别：教育科研一般项目

学科分类：教育学

课题负责人：冯海欧　中小学高级教师　阳江市江城第一小学

主要成员：陈国媛　冯瑞洁　冯振真　关美丽　张靖偲　林良兵　何宜珠

一、课题研究的主要内容和研究方法

（一）课题研究的主要内容

课题组根据小学学科教学特点，确定本课题主要研究以下内容：

结合我校实际，研发出新型的学科资源媒体和工具，如微课、课件、课例等，丰富和完善校内教学资源；借助网络环境，优化网络教育功能，构建ITtools3.0平台下学生自主学习的教学方式；学生会利用信息技术解决问题，能够熟练地运用现代化的网络工具进行自主学习；本课题研究小学学科教学方式创新，在学科教学过程中营造"互教互学"的氛围，让学生不由自主地进入教学角色，体验、感知、领会、延伸学习内容，提高教学的有效性。

（二）课题研究的方法

开展课题研究，必须有效运用课题研究的相关策略，根据不同的研究目的和要求，围绕目标，立足实际，解决实际工作中遇到的问题，找出产生这些问题的原因，选择适当的符合课题研究工作需要的科研方法，找到解决问题的办法，才能做到求真务实地有效开展课题研究。

1. 文献研究法

通过网络共享资源以及图书馆的资料，检索、收集相关信息，并对其进行进一步的整理、分析，以便充分吸收相关研究的成果，为课题研究提供充分的信息资源。我们研究了《ITtools3.0 使用教程》《教育心理学》《自主学习——学与教的原理和策略》等文献。

2. 调查法

通过调查问卷的抽样调查方式，收集的数据经过 SPSS 统计分析，对研究本课题信度效度进行检测，为下一轮实践行动提供科学数据支撑，对本课题的研究效果做出科学评判，并以多种方式与不同层次学生进行交谈、访问、抽查，了解不同层次学生对课题研究的看法，来弥补问卷调查法的不足。（详见《ITtools3.0 平台下小学学科教学方式创新研究调研计划》和《ITtools3.0 平台下小学学科教学方式创新研究、调查问卷的信度效度分析报告》）

3. 行动研究法

按照问题—计划—行动—反思—修改—实践—总结的步骤，围绕 ITtools3.0 平台下小学学科教学方式有效创新的目标，在解决问题的行动研究中不断探索和反思，探索出 ITtools3.0 平台下小学学科教学方式有效创新的方法。在实验过程中，我们开设了多节研讨课，有《ITtools3.0 教学辅助平台下的调查测试》《如何制作微课》《ITtools3.0 教学辅助平台下的小组合作》《ITtools3.0 教学辅助平台下的师生答疑》《ITtools3.0 教学辅助平台下的师生互评及展示》《ITtools3.0 教学辅助平台下的课堂测试》等。研讨课后，我们举行课题组的研讨会，由授课教师讲述上课的教学思路，课题组教师边评价、边修改、边执行。然后上课教师撰写教学反思，听课教师撰写听课感受。冯海欧、冯瑞洁、关美丽老师各有一篇论文已被国家级、省级期刊发表，还有冯振真、张靖偲、何宜珠、冯海欧老师共 4 篇论文拟定刊发。

二、课题研究取得的主要成果（主要结论、有何新的论点、较前有哪些突破性进展等）

教师用ITtools3.0平台进行教学，可以调动学生学习的积极性和主动性，提高学生发现问题、分析问题、解决问题、自主学习、终身学习的能力；可以提高教师的自身素质和业务能力，积极主动地改革传统的教育教学方式，研究探索新的教育教学方式，充分发挥教师的个人潜能和团队合作精神，寻求小学学科教学方式创新研究的新途径，开发利用各方面的教育教学资源，构建立体化的教育教学网络，为提高教学质量、科研水平和办学水平开辟新的途径。经过三年研究，本课题研究出三种教学方式。

（一）构建了精准分层教学方式（见图8-1）

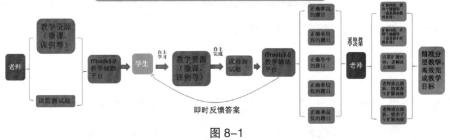

图8-1

（二）建立ITtools3.0教学辅助平台下自主学习的教学方式

课题组经过研究，建立了ITtools3.0教学辅助平台下自主学习的教学方式。教师通过平台向学生提供优质的教学资源（如微课、课例、测试题等），由学生自主学习，并应用平台合作、展示、分享、评价等功能完成并完善学习成果。

（三）形成ITtools3.0教学辅助平台下多边互动的教学方式

ITtools3.0教学辅助平台既方便教师的日常教学、学生的课堂学习，又方便家长、教师、学生沟通交流、互相监督等。该平台有效解决了学生在学习过程中遇到的困难，其中课堂签到、媒体播放、在线抢答、学习互助、作品展示、精华作品展示、学生互评、师生答疑、小组合作等模块，为人机互动、生生互动、师生互动、家长与教师互动、家长与学生互动提供了无限可能。

（四）开展课例研究

课题组通过课题组教师的集体备课、双向听课、上课评课、教学案例分析、专题讲座等形式，凝练了课题组教师的教学思想、教学风格，促进了骨干教师的专业发展。目前，课题组共创作教学设计 44 篇、课件 50 个、微课 20 个、课例 2 个、论文 7 篇（已发表 3 篇，4 篇论文拟定刊发），在课题研究过程中，师生获奖证书 75 项(国家级 2 项，省级 38 项，市级 28 项，区级 6 项，镇级 1 项)；编制了课题《ITtools3.0 教学辅助平台使用说明书》《论文集》《教学设计集》《简报集》。

教师将丰富的教学资源上传至 ITtools3.0 教学辅助平台，学生可以通过学习终端自主完成预习内容和要求，完成教师的调查测试。ITtools3.0 教学辅助平台可以即时精准地反馈全班的预习情况，进而帮助教师科学精准地调整教学方案，有针对性地进行教学，从而实现"因材施教"。ITtools3.0 教学辅助平台会自动记录、分析每名学生缺课、完成作业、测试题的情况，会自动生成每名学生及全班学生统计数据，方便教师对学生进行分层教学，以提高教学质量。如果校内实现基于 ITtools3.0 教学辅助平台的精品课程共享，同校教师就会节省很多备课时间；如果打造校与校之间的精品课程共享，可促进多校均衡发展，提高多校教学质量。应充分发挥互联网的教育优势，让教学更加开放，以有效地促进当地教育水平的提高。

三、研究成果推广的范围

开展课题研究几年来，主持人及课题组成员充分发挥"传、帮、带"作用，为青年教师创设了良好的成长平台，为提高青年教师的思想政治、文化业务水平和教育教学能力方面做出显著贡献。

1. 2018 年 11 月 1 日，江城一小与江城区埠场镇中心小学开展结对帮扶活动，关美丽老师送课下乡，应用 ITtools3.0 教学辅助平台所上的《角的初步认识》公开课深受学生欢迎，教学效果显著，获得同行教师、区教研院教研员的高度赞扬。

2. 2019 年 12 月 9 日，阳西县小学校长到阳江市江城第一小学跟岗学习交流，冯海欧老师作了《学校信息化现代化建设经验》讲座，推介了省级课题《ITtools3.0 平台下小学学科教学方式创新研究》的研究成果及应用成效。

3. 2020 年 1 月 20 日，在阳江市青少年科技教育协会年会中，冯海欧老师面向全市青少年科技教育工作者分享了阳江市江城第一小学的科技教育经验，介绍和推广了省级课题《ITtools3.0 平台下小学学科教学方式创新研究》的研究成果及教学方式转变给学生带来的实效。

4. 2021 年 3 月 17 日上午，阳东区校长任职资格培训班第八阶段阳东第一小组到阳江市江城第一小学跟岗学习，冯海欧老师作了《科技教育及信息化学校建设经验》专题讲座。

以 ITtools3.0 教学辅助平台作为学校特色教学内容，冯海欧老师结合学校实际，积极组织骨干教师深入开展课题研究，攻坚克难，探讨教育信息化应用的新途径和新模式，在推进信息化教学常态化应用等方面做了大量卓有成效的工作，为学校申报省级示范学校及结项工作提供了有力佐证材料。2018 年 3 月，阳江市江城第一小学被评为"广东省基础教育研究实验基地学校"；2018 年 7 月 25 日，被评为"广东省信息化中心校"；2019 年 6 月 10 日，被评为"阳江市青少年科学教育特色学校"；2020 年 3 月 19 日，被评为"广东省青少年科技教育创新团队"；2020 年 7 月 29 日，被评为"广东省中小学教师信息技术应用能力提升工程 2.0 试点校"；2021 年 3 月，被评为"广东省网络安全示范校"；2021 年 7 月，被评为"广东省中小学教师校本研修示范学校"；等等。近年来，学校以信息化教育科研为引领，致力于教育信息化建设，取得了显著进步，信息化教学已融入教师的日常学习工作中，成为学校课堂改革和办学水平提升的重要推手，在信息化教学、科技教育领域中树立起一面闪亮的旗帜，享有很高的社会声誉。

四、研究成果取得的社会效益

ITtools3.0 教学辅助平台为小学学科实现"翻转课堂"教学，为学生课外进行学习提供了无限可能。ITtools3.0 教学辅助平台为教师的"教"、学生的"学"、家长的"监管"带来便捷，实现了优质教学资源与教师、学生、家长的无缝连接，促进了教学资源的有效利用，让学生学习的时间和空间更加灵活，让教师充分了解学生，不断改进教育教学方式方法，解决教学中的问题。同时，它还提高了教师、学生的创新能力，激发了教师、学生的创造欲望，为学生放飞梦想提供了坚实的平台。

近年来，学校以信息化教育科研为引领，致力于教育信息化建设，取得了显著成绩，信息化教学已融入教师日常学习、工作中，成为学校课堂改革和办学水平提升的重要推手，在信息化教学、科技教育领域中树立起一面闪亮的旗帜，享有很高的社会声誉。

五、主要研究成果目录（成果名称、形式、字数、出版单位或发表刊物名称、出版或发表日期）

1. 2018 年 6 月，冯瑞洁老师撰写的论文《浅谈信息技术与语文教学的融合》在《读天下》杂志 2018 年 12 期发表。

2. 2020 年 11 月，冯海欧老师撰写的论文《ITtools3.0 平台下小学信息技术教学策略分析》在《中小学教育》杂志 2020 年 32 期发表；2021 年 1 月，冯海欧老师撰写的论文《ITtools3.0 平台下小学信息技术教学策略分析》在 2021 年全国优秀教育科研论文评选活动中荣获一等奖。

3. 2021 年 1 月，关美丽老师撰写的论文《ITtools3.0 平台下低年级游戏化数学教学实践与思考》在《散文百家》下旬刊 2021 年第 3 期发表。

4. 课题专著《ITtools3.0 平台下小学学科教学方式创新研究》由黑龙江大学出版社于 2021 年 12 月出版。

六、该研究领域尚待进一步研究的主要理论与实际问题

在研究中，我们已经验证了 ITtools3.0 平台下小学学科教学方式创新具有极大的实用价值。如果能够将 ITtools3.0 平台下小学学科教学方式创新与互联网进行无缝结合，实现课前、课中、课后整个教学过程都可以通过 ITtools3.0 教学辅助平台无缝连接，那对于学生自主学习、终身学习的能力养成会有极大的帮助。随着教育信息化的不断深入，ITtools3.0 教学辅助平台不断成熟，相信它一定能发挥更大的作用，应用前景会更加美好。

　　在本课题研究过程中，由于课题组在行动研究上缺乏经验，研究中还存在一些不足之处，如研究中涉及的相关工作无法大量开展，导致研究在抽样少的前提下进行；对于ITtools3.0教学辅助平台的理论研究，还有一定不足；研究的硬件条件不够完善，不能完全达到ITtools3.0教学辅助平台要求的硬件水平；实验教师受学校教学进度影响，无法大胆放手让学生自主探究，没有足够时间优化完善教学资源；等等。这些不足我们将在日后的工作中一一弥补，力争充分发挥ITtools3.0教学辅助平台的优势，促进小学学科教学方式创新，切实提高教育水平。

参考文献

[1] 广东省教学教材研究室.广东省小学课本信息技术教师教学用书 第二册（上）[M].广州：广东教育出版社，2008.

[2] 广东省教学教材研究室.广东省小学课本信息技术第二册（上）[M].广州：广东教育出版社，2010.

[3] 庞维国.自主学习——学与教的原理和策略［M］.上海：华东师范大学出版社，2003.

[4] 刘秀娟，鲁晓燕，运用元认知策略，培养学生自主学习 [J]. 中国西部科技，2009（1）：88，92.

[5] 樊世静，王家乾.“互联网＋”背景下的小学科学教学 [J]. 中国校外教育（上旬），2016（4）：22.

[6] 杜明峰.信息化教学在小学科学教学中的应用 [J]. 课程教育研究，2019（18）：169.

[7] 应峰.小学科学与信息技术的整合探讨 [J].课程教育研究，2019（18）：190.

[8] 吴炳荼.信息技术在小学科学中提升学生学习力的策略 [J]福建基础教育研究，2019（3）：143-144.

[9] 刘邦奇，孙曙辉.数字化校园：理念、设计与实现 [M].合肥：中国科学技术大学出版社，2014.

[10] 胡小勇.区域教育信息化可持续发展研究 [M].北京：北京师范大学出版社，2011.

[11] 柯蒂斯·J·邦克 . 世界是开放的：网络技术如何变革教育 [M]. 焦建利，译 . 上海：华东师范大学出版社，2011.

[12] 程红兵 . 直面教育现场：书生校长的教育反思 [M]. 上海：华东师范大学出版社，2012.

[13] 段荣军 . 数学课堂自主学习教学模式的现状研究 [J] 中华少年，2017（8）：133-144.

[14] 李祖芹 . 初中信息技术课程培养学生自主学习能力的研究 [D]. 长春：东北师范大学，2009.

[15] 李戬 . 立足少年儿童道德发展特点助其领会党的"十八大"精神 [J]. 青少年研究（山东省团校学报），2014（4）：39-41.

[16] 朱丽波，邹策千 . 基于中小学信息技术课"微格教学"训练的思考 [J]. 内蒙古师范大学学报（教育科学版），2005（12）：139-142.

[17] 阚卓永吉 . 中小学信息技术课程的问题研究 [J]. 中小学电教（下），2012（4）：3-4.

[18] 李芒，徐晓东，朱京曦 . 学与教的理论 [M]. 北京：高等教育出版社，2007.

[19] 王斌，李军 . 学生自主学习能力培养的实践与探索 [J]. 沧州师范专科学校学报，2004（4）：83-84.

[20] 教育部 . 国家基础教育课程改革纲要（试行）[Z].2012.

[21] 朱慕菊 . 走进新课程：与课程实施者对话 [M]. 北京：北京师范大学出版社，2002.

[22] 黄旭明 . 中小学信息技术教学法 [M]. 长春：东北师范大学出版社，2002.

[23] 谢琪，刘向永 . 小学信息技术教学法 [M]. 长春：东北师范大学出版社，2006.

[24] 郑志湖 . 构建学生自主探究的物理学习模式的探索 [J]. 课程·教材·教法，2011（3）：81-83.

[25] 万俊玲 . 找准切入点，培养学生自主探究能力 [J]. 教育实践与研究（中学版），2009（9）：42.

[26] 郭玉清，袁冰，李艳.基于云计算的智慧教室系统设计 [J].数学的实践与认识，2013（4）：103-107.

[27] 普旭.我国中小学智慧教室建设规范初探 [D].华中师范大学，2013.

[28] 何正明.从教学环节入手，实现智慧教室师生有效互动 [J].新课程导学（七年级上旬），2014（30）：37.

[29] 李幸，李晓夏.美国初中智慧教室构建的经验及启示 [J].软件导刊(教育技术)，2015（11）：92-95.

[30] 闫祯，郭建耀.论课堂管理及其对教学的促进功能 [J].教学与管理，2009（6）：13-15.

致　　谢

　　时光匆匆，转眼之间，课题研究即将结束。回想起来，其间有苦也有乐，但快乐远远多于痛苦，因为阳江市江城第一小学以良好的教风让笔者孜孜以求研究，以宽阔的胸襟让笔者不断成长。值此课题研究即将完结之时，笔者谨向不断在我们研究期间帮助过我们、关心过我们的所有人表示由衷的感谢和最美好的祝愿。

　　首先，本课题是在省、市、区课题指导专家和全校师生的无私帮助下完成的。几年来，省、市、区课题指导专家用丰富的知识、敬业的态度、优秀的人品不断激励着我们，对我们影响至深，教会我们如何研究课题。本课题从选题到完成，几易其稿，省、市、区课题指导专家不厌其烦，耐心地给予我们指导与建议；同时，同行给予了很多宝贵的建议，让我们少走了许多弯路。在研究实践中，阳江市江城第一小学的全体同仁都给予我们无私的配合，保证了课题研究能够顺利进行。另外，在研究过程中，阳江市江城第一小学的学生们非常配合我们的工作，反馈给我们最真实的信息。在此，我们谨对阳江市江城第一小学的全体师生致以深深的感谢！

　　求知的道路是永无止境的。我们会带着求知做事的真挚态度继续前行，勇往直前！